职业院校会计专业辅导用书

JICHU KUAIJI KUAIJI FENLU KAOSHI YIBENTONG

基础会计会计分录考试一本通

（第4版）

主　编　李建红
副主编　高月玲　费　蕾　沈金芳　丁丽华
　　　　朱晓兰　刘淑萍
参　编　蔡燕青　陆　婷　薛真仁　周　兰

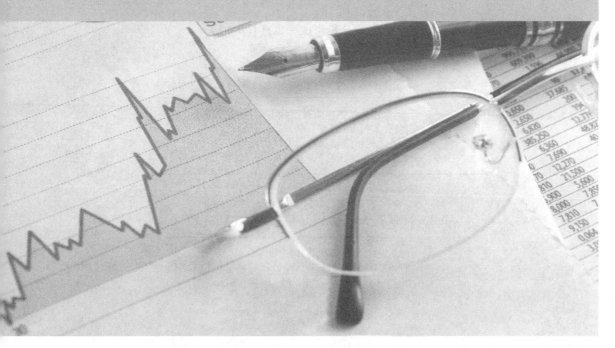

苏州大学出版社
Soochow University Press

图书在版编目(CIP)数据

基础会计会计分录考试一本通 / 李建红主编.
4版. -- 苏州：苏州大学出版社, 2024.12. -- ISBN
978-7-5672-5043-7
Ⅰ.F230
中国国家版本馆CIP数据核字第20252UX887号

基础会计会计分录考试一本通（第4版）

李建红　主编

责任编辑　施小占

苏州大学出版社出版发行
（地址：苏州市十梓街1号　邮编：215006）
镇江文苑制版印刷有限责任公司印装
（地址：镇江市黄山南路18号润州花园6-1号　邮编：212000）

开本 787 mm×1 092 mm　1/16　印张 12.5　字数 350千
2024年12月第4版　2024年12月第1次印刷
ISBN 978-7-5672-5043-7　定价：48.00元

若有印装错误，本社负责调换
苏州大学出版社营销部　电话：0512-67481020
苏州大学出版社网址　http://www.sudapress.com
苏州大学出版社邮箱　sdcbs@suda.edu.cn

前 言 PREFACE

本书主要解决的是基础会计"教"与"学"中,学生对会计基本经济业务账务处理的理解、巩固和深化问题,以实现举一反三、触类旁通的目的。本书主要特点如下:

1. 针对性

本书在财政部最新初级会计职称考试大纲的基础上,结合国家现行的会计法律制度和税收法律制度,紧扣核心知识和技能节点,从不同视角进行阐述、测试,对基础会计知识点力求多角度、全方位考核。

2. 层次性

本书内容分为分项练习和综合练习两个部分。第一部分为分项练习,该部分从学生学习日常经济业务角度出发,由易到难,分别对货币资金、筹资业务、材料采购与领用、固定资产业务、制造费用、生产成本、销售业务、期间费用、债权债务、利润的形成和分配、财产清查结果处理共11个项目进行练习。各项目练习一般分为基础题、巩固题和提升题三类。其中,基础题适用于课堂教学中的测试;巩固题有一定难度,适用于课后练习;提升题有较强的灵活性和难度,适用于对学生综合知识和能力的测试。第二部分为综合练习,其中的案例大都来源于现实生活中的真实案例,以激发和培养学生的学习动力和学习兴趣,锻炼实战能力。

3. 实用性

参加命题的人员均为江苏省内职业院校长期从事会计课程教学、会计培训的一线教师,对考试大纲、命题规律、学生自主学习、教学效果测试等方面有着实在、详细、有效的研究,注重将学生的学习和辅导相结合,学习测试和巩固提高同步进行。

本书由江苏省财会特级教师、江苏省"333工程"人才、江苏省教学名师李建红负责组织协调、总纂定稿。

本书内容如有不妥之处,恳请广大读者、同仁不吝指正,以期日趋完善。

目录 Contents

第一部分　分项练习

项目一　货币资金 1
 Ⅰ　基础题 1
 Ⅱ　巩固题 3
 Ⅲ　提升题 6

项目二　筹资业务 10
 Ⅰ　基础题 10
 Ⅱ　提升题 12

项目三　材料采购与领用 15
 Ⅰ　基础题 15
 Ⅱ　巩固题 18
 Ⅲ　提升题 20

项目四　固定资产业务 25
 Ⅰ　基础题 25
 Ⅱ　巩固题 27

项目五　制造费用 30
 Ⅰ　基础题 30
 Ⅱ　巩固题 32
 Ⅲ　提升题 35

项目六　生产成本 37
 Ⅰ　基础题 37
 Ⅱ　巩固题 39
 Ⅲ　提升题 41

项目七　销售业务 44
 Ⅰ　基础题 44
 Ⅱ　巩固题 46

  Ⅲ 提升题 …………………………………………………………………… 49

项目八 期间费用 …………………………………………………………… 52
  Ⅰ 基础题 …………………………………………………………………… 52
  Ⅱ 巩固题 …………………………………………………………………… 54

项目九 债权债务 …………………………………………………………… 58
  Ⅰ 基础题 …………………………………………………………………… 58
  Ⅱ 巩固题 …………………………………………………………………… 61
  Ⅲ 提升题 …………………………………………………………………… 63

项目十 利润的形成和分配 ………………………………………………… 67
  Ⅰ 基础题 …………………………………………………………………… 67
  Ⅱ 巩固题 …………………………………………………………………… 70
  Ⅲ 提升题 …………………………………………………………………… 72

项目十一 财产清查结果处理 ………………………………………………… 76
  Ⅰ 基础题 …………………………………………………………………… 76
  Ⅱ 巩固题 …………………………………………………………………… 78
  Ⅲ 提升题 …………………………………………………………………… 81

第二部分 综合练习

综合练习(一) ……………………………………………………………………… 85
综合练习(二) ……………………………………………………………………… 88
综合练习(三) ……………………………………………………………………… 91
综合练习(四) ……………………………………………………………………… 94
综合练习(五) ……………………………………………………………………… 100
综合练习(六) ……………………………………………………………………… 103
综合练习(七) ……………………………………………………………………… 110
综合练习(八) ……………………………………………………………………… 114
综合练习(九) ……………………………………………………………………… 119
综合练习(十) ……………………………………………………………………… 124
综合练习(十一) …………………………………………………………………… 128

参考答案 ………………………………………………………………………… 134

第一部分 分项练习

项目一 货币资金

Ⅰ 基础题

请根据 W 公司以下经济业务编制会计分录。

1. 从银行提取现金 8 000 元。

2. 将销售产品收到的现金 20 000 元存入银行。

3. 从银行取得短期借款 300 000 元,存入银行存款账户。

4. 以银行存款归还长期借款 42 100 元。

5. 以银行存款归还借款 100 000 元,其中长期借款 60 000 元。

6. 收到某单位归还上月所欠货款 35 000 元存入银行。

7. 以转账支票支付前欠 A 公司材料采购款 32 000 元。

8. 以银行存款支付前欠货款 6 000 元。

9. 接银行通知，华远公司汇来前欠货款 23 400 元，已收妥入账。

10. 用银行存款发放工人工资 72 000 元。

11. 收到红光公司投入货币资金 100 000 元，款项存入银行。

12. 根据销售合同预收 A 公司货款 90 000 元，存入银行。

13. 收到 A 单位预付货款 25 000 元，款项存入银行。

14. 用银行存款支付本月广告费 30 000 元。

15. 厂长报销业务招待费 500 元。

16. 以库存现金支付销售产品的业务宣传广告费 500 元。

17. 以银行存款支付行政部门办公费 2 000 元。

18. 开出转账支票向红十字会捐款 20 000 元。

19. 企业收到现金 200 元，系违约金。

20. 以银行存款交纳应交税费 2 300 元。

Ⅱ 巩固题

某公司 3 月初"库存现金"账户余额 5 000 元，"银行存款"账户余额为 100 000 元。该公司 3 月份发生以下经济业务，请根据下述资料编制会计分录并登记"库存现金"和"银行存款"T 形账户。

1. 向银行申请取得三个月的借款 300 000 元，年利率 6%，款项存入存款账户。

2. 以银行存款 50 000 元作为定金,预付采购材料货款。

3. 从银行提取现金 80 000 元,并发工资。

4. 车间主任王明预借临时用款 1 000 元。

5. 用存款支付本月水电费,其中车间 1 600 元,厂部 800 元。

6. 以银行存款支付到期商业汇票款 16 000 元。

7. 支付本月借款利息共 3 100 元。

8. 厂长报销差旅费 910 元,以现金支付。

9. 张某用现金退还上个月差旅费 1 000 元。

10. 出售产品一批,价款 50 000 元,增值税 6 500 元,全部款项均送存银行。

11. 开出转账支票,支付税务局 5 000 元的税收滞纳金。

12. 收到信诚公司投资 10 000 元存入银行。

13. 用银行存款向"疫情灾区"捐款 20 000 元。

14. 从银行提取现金 1 000 元,备作零星开支用。

15. 交纳企业代扣的个人所得税 12 000 元。

16. 以银行存款支付产品展览会费 20 000 元。

17. 收到天泰公司偿付的前欠货款 1 800 元。

库存现金	银行存款

Ⅲ 提升题

某公司发生以下经济业务,请编制相应会计分录,并编制发生额试算平衡表。

1. 向银行申请取得临时周转借款 100 000 元。

2. 收到致远公司 60 000 元,其中 30 000 元是原欠货款,30 000 元作为下次购货的定金。

3. 开出转账支票 80 000 元,委托银行代发工资。

4. 车间主任王明预借临时用款 1 200 元,开出现金支票支付。

5. 购入材料 10 000 元,增值税专用发票上注明增值税 1 300 元,材料已入库,款项以银行存款支付。

6. 用现金支票购入机器设备一台,价款 30 000 元,增值税 3 900 元,机器设备已交付车间使用。

7. 季末支付本季度借款利息共 3 300 元(1 月份 1 100 元,2 月份 1 100 元,均已预提)。

8. 车间主任王明回厂报销差旅费 910 元。余款以库存现金形式收回。

9. 用银行存款 10 000 元预付未来 5 个月的房租。

10. 出售服装一批,价款 50 000 元,增值税 6 500 元,全部款项均送存银行。

11. 将 20 000 元从公司的银行账户转入证券公司,准备购买交易性金融资产。

12. 收到信诚公司投资 110 000 元存入银行,给予信诚公司注册资本 1 000 000 元中 10%的股权。

13. 出售不用的面料一批,售价 4 000 元,开具增值税专用发票,增值税税额 520 元,收到对方开具的一张支票并填制进账单。

14. 公司购买一台车床买价 24 000 元,增值税 3 120 元,运杂费 1 000 元(运费不考虑增值税),款项已支付,设备交付使用。

15. 用银行存款 34 000 元支付上年分配给投资人的利润。

16. 销售产品 20 000 元,增值税税率为 13%,收到转账支票一张,取得银行进账单。

17. 从银行取得期限为两年的借款 150 000 元,年利率 12%,年末付息,一次还本,所借款已存入企业在银行的一般存款账户。

18. 支付本月电费 8 000 元,其中车间一般耗用 3 000 元,行政管理部门耗用 5 000元。

发生额试算平衡表

科　目	借方发生额	贷方发生额
合　计		

项目二　筹资业务

Ⅰ　基础题

A公司主要从事房地产开发、公路货运、资产经营和纺织原料业务。

(一) A公司6月发生的有关经济业务如下,请编制相应会计分录(实收资本写出明细科目)。(不考虑增值税)

1. 3日,收到新华公司投入的机器设备,双方协商以350 000元作为投入资本入账。

2. 5日,向银行借入期限为六个月的借款500 000元,存入银行。

3. 9日,收到蓝天公司投入的专利权,经评估以100 000元作为投入资本入账。

4. 11日,向银行借入期限为三年期的借款800 000元,存入银行。

5. 15日,收到国家投入的货币资金700 000元,存入银行;同时收到国家投入的设备一台,双方以协商价800 000元作为投入资本入账。

6. 18日，以银行存款归还期限为三个月的到期借款本金600 000元。

7. 22日，以银行存款归还期限为三年期的到期借款本金900 000元。

（二）A公司7月份发生下列业务，请编制相应会计分录（实收资本列出必要的明细科目）。

1. 接受东方公司投资70 000元存入银行。

2. 收到西方公司投资，其中设备协议价80 000元交付使用，材料价值100 000元验收入库。

3. 自银行取得期限为12个月的借款2 000 000元存入银行。

4. 上述借款年利率6%，计算提取本月的借款利息。

5. 收到某组织捐赠的透射电镜设备一台价值27 000元，交付使用。

6. 经有关部门批准将资本公积金20 000元转增资本。

7. 用银行存款500 000元偿还到期的银行临时借款。

（三）A 公司 1 月 1 日向建设银行借入偿还期为 4 个月、月息为 6‰的借款 100 000 元。请编制借入、计息、付息和还款时的会计分录（财务费用列出必要的明细科目）。

Ⅱ　提 升 题

B 公司主要经营生产销售混凝土及混凝土制品以及混凝土设备出租。公司有关筹资业务如下：

（一）新成立的公司有 A、B、C 三个发起人，A 投入货币资金 200 万元；B 以一项无形资产作价投资，评估确认价值为 30 万元；C 以一台设备作价投资，合同确认的账面原价为 80 万元，公允价值与合同价一致，增值税税额为 10.40 万元。

请分别编制接受 A、B、C 投资的会计分录。

（二）2×24 年 1 月 1 日富达子公司组建成立，该公司系中外合资经营企业，经营范围为日用消费品。投资者投入资本的情况如下，请编制相应的会计分录。

1. 收到国家投入的资本 3 000 万元，款项已存入银行。

2. 收到关联方 A 企业投入的不需安装的机器五台，该批机器经资产评估事务所评定公允价值为 200 万元。(不考虑增值税)

3. 经批准，企业将已实现的部分资本公积 70 万元转增资本。

4. 收到关联方 B 企业投入的一项专有技术，经资产评估机构评定确认的价值为 30 万元。(不考虑增值税)

5. 收到关联方 C 企业投入的一批材料，该批材料经评估确认的价值为 50 万元，经税务部门认定应交增值税为 6.5 万元，C 企业已开具了增值税专用发票。

6. 收到公民个人投入资本 100 万元，款项已存入银行。

（三）甲公司原由投资者 A 和投资者 B 共同出资成立，每人出资 200 000 元，各占 50%的股份。经营两年后，投资者 A 和投资者 B 决定增加公司资本，此时一新的投资者 C 要求加入甲公司。经有关部门批准后，甲公司实施增资，将实收资本增加到 900 000 元。经三方协商，一致同意，完成下述投入后，三方投资者各拥有甲公司 300 000 元实收资本，并各占甲公司 1/3 的股份。各投资者的出资情况如下：

1. 投资者 A 以一台设备投入甲公司作为增资，该设备原价 180 000 元，已提折旧 95 000 元，评估确认原价 180 000 元，评估确认净值 126 000 元。

2. 投资者 B 以一批原材料投入甲公司作为增资，该批材料账面价值 105 000 元，评估确认价值 110 000 元，税务部门认定应交增值税 14 300 元。投资者 B 已开具了增值税专用发票。

3. 投资者 C 以银行存款投入甲公司 390 000 元。

请根据上述资料，分别编制甲公司接受投资者 A、投资者 B 增资时以及投资者 C 初次出资时的会计分录（"应交税费"科目要求写出二级和三级明细科目）。

项目三　材料采购与领用

Ⅰ　基础题

M公司生产以太阳能应用发电系统为主的太阳能光伏产品。公司为增值税一般纳税人,增值税税率13%。根据下列经济业务编制会计分录(应交税费、原材料要列出必要明细科目)。

1. 购入M材料1 000元,取得普通发票,货款以银行存款支付。

2. 企业购入生产甲产品用的材料50 000元,增值税税额6 500元,开出支票支付款项。

3. 购入A材料1 000千克,单价2元,增值税税额260元,开出支票支付货款。

4. 以现金支付上述A材料的运杂费200元。

5. 上述A材料验收入库。

6. 购入B材料100千克,单价10元,买价1 000元;购入C材料400千克,单价5元,买价2 000元。增值税税率为13%,开出商业汇票支付相关款项,材料已入库。

7. 支付到期的商业汇票款 3 390 元。

8. 购入丙材料一批,货款 11 000 元,增值税税额 1 430 元;另有外地运费 400 元,运费增值税发票上税额为 36 元。款项均已通过银行存款付清,材料尚未验收入库。

9. 丙材料验收入库。

10. 向光华工厂购入甲材料 2 000 千克,单价 5 元,计 10 000 元,增值税税额 1 300 元,货款暂欠。

11. 向梁溪工厂购入乙材料 5 000 千克,单价 8 元,计 40 000 元,发生运费 1 000 元(不考虑增值税),均用银行存款支付,材料未到,增值税税率 13%。

12. 用现金支票支付上述购入甲、乙两种材料运输费 7 000 元,增值税税率 9%。(运输费按材料重量比例分配)

13. 用银行存款支付欠光华工厂的货款 10 000 元。

14. 向光华工厂购入甲材料验收入库。

15. 向远达电子公司付定金 20 000 元。

16. 收到远达电子公司发来的货物,增值税专用发票上注明货款 20 000 元,增值税税额 2 600 元,材料已验收入库。

17. 补付给远达电子公司货款 2 600 元。

18. 购入周转用材料 4 000 元,取得普通发票,开出现金支票支付款项。

19. 企业生产产品领用材料 22 200 元。

20. 月末,仓库根据当月领料凭证,编制当月发料凭证汇总表如下:

用途		甲材料		乙材料		丙材料		合计金额/元
		数量/千克	金额/元	数量/千克	金额/元	数量/千克	金额/元	
生产用	A 产品	4 000	21 600	3 500	27 650			49 250
	B 产品	3 000	16 200	3 800	30 020			46 220
小计		7 000	37 800	7 300	57 670			95 470
一般耗用	车间					1 000	2 000	2 000
	行政					1 500	3 000	3 000
合计		7 000	37 800	7 300	57 670	2 500	5 000	100 470

Ⅱ 巩固题

L公司为增值税一般纳税人,增值税税率13%。公司1月发生以下部分业务,请编制相应会计分录(原材料、在途物资、应交税费、生产成本列出必要的明细科目)。

1. 1日,购入甲材料50千克,每千克100元,计价款5 000元,增值税税额650元,开出一张现金支票支付款项,材料尚未到达。

2. 5日,购入乙材料200千克,每千克400元,计价款80 000元,运费200元(不考虑增值税),增值税税额10 400元,材料款项尚未支付,材料已验收入库。

3. 6日,上月购入的丙材料200千克,每千克200元,今日到达并且验收入库。

4. 6日,材料采购员报销差旅费500元,现金付讫。

5. 7日,购入A材料30吨,单价240元,B材料400千克,单价15元,增值税税额1 716元,款项均未付。

6. 9日,公司开出转账支票支付购入A、B材料的运费2 106元(不考虑增值税),按买价进行分配。

7. 10日,上述A、B材料验收入库,结转其采购成本。

8. 11日,以银行存款支付前欠中华公司的购货款14 916元。

9. 12日,购入A材料40吨,单价245元,增值税税率13%,开出商业汇票支付价税款。

10. 13日,上述A材料到达并验收入库。

11. 16日,购入B材料200千克,单价16元,运费100元(不考虑增值税),增值税税率13%,款项以转账支票支付,材料已验收入库。

12. 18日,以银行存款向H公司预付采购C材料货款2 000元。

13. 19日,H公司发来的C材料验收入库,发票价款为3 000元,增值税税额为390元,余款通过银行补付。

14. 30日,生产甲产品领用材料23 450元,乙产品用材料15 400元,车间一般耗用5 720元,管理部门用1 100元。

15. 30日,领用低值易耗品计10 000元,其中车间用6 000元,行政部门用4 000元,一次摊销。

Ⅲ 提升题

某公司为增值税一般纳税人,增值税税率为13%。

(一) 1月份ABC公司发生以下材料采购业务(原材料、在途物资、应交税费科目列出必要的明细科目),请编制本月业务的会计分录。(共同性运杂费按采购重量分配,如除不尽,分配率保留两位小数)

1. 购入甲材料6 000千克,单价8元,增值税税率13%,价税款未付。

2. 用银行存款2 722元支付上述甲材料外地运费(不考虑增值税)。

3. 购入乙材料7 200千克,单价10元,增值税税率13%,价税款均通过银行付清。

4. 购进丙材料2 800千克,含税单价9.04元,丁材料10 000千克,含税单价5.65元,税率13%,款项均已通过银行付清。

5. 供应单位代垫乙、丙、丁材料外地运费共 3 300 元(不考虑增值税)。

6. 用银行存款 10 000 元预付订购材料款。

7. 以前月份已预付款 100 000 元的 A 材料本月到货,并验收入库,价税款合计 113 000 元,增值税税率为 13%,用银行存款补付尾款。

8. 本月购入的甲、乙、丙、丁材料均已验收入库。

(二) 6 月份 ABC 公司发生下列材料采购业务(原材料、在途物资列出必要的明细科目,增值税税率为 13%,运费税率为 9%,均取得增值税专用发票)。请登记 T 形账并编制本月业务的会计分录。

1. 购入下列材料:

甲材料　　100 千克　　单价 13 元
乙材料　　500 千克　　单价 6 元
丙材料　　1 000 千克　单价 4 元

价税款通过银行支付。

2. 用现金 1 744 元支付上述材料的外地运费(含增值税),材料验收入库,结转成本。

3. 购入丙材料 2 000 千克,单价 4.5 元,款项尚未支付,材料入库。另用银行存款 1 090 元支付丙材料运费(含增值税)。

4. 赊购下列材料:

甲材料　　500 千克　　单价 11.5 元
乙材料　　900 千克　　单价 6.5 元

5. 用银行存款 700 元支付上述甲、乙材料外地运费(含增值税),材料验收入库,结转成本。

6. 用银行存款购入甲材料 400 千克,单价 11 元,运费 400 元,材料验收入库,结转成本。

要求：

（1）设置"在途物资"总分类账户及明细分类T形账户、"原材料"总分类T形账户（"原材料"账户期初余额4 000元，甲材料期初余额4 000元）。

（2）根据以上资料编制会计分录，并登记原材料账户。

（3）编制甲、乙、丙材料采购成本计算表（购料运费按材料重量比例分摊）。

T形账户：

会计分录：

1.
2.
3.
4.
5.
6.

材料采购成本计算表

材料名称	买价/元	采购数量/千克	总成本/元	单位成本/元
甲材料				
乙材料				
丙材料				

(三) ABC 公司生产中所需 W 材料按实际成本核算。有关 W 材料的业务如下：

(1) 6 月 3 日，持银行汇票 300 万元购入 W 材料，增值税专用发票上注明的货款为 216 万元，增值税税额 28.08 万元，对方代垫包装费 1.8 万元，材料已验收入库，剩余票款退回并存入银行。

(2) 6 月 6 日，签发一张商业承兑汇票购入 W 材料，增值税专用发票上注明的货款为 163 万元，增值税税额 21.19 万元，对方代垫保险费 0.4 万元，材料已验收入库。

(3) 6 月 10 日，收到乙公司作为资本投入的 W 材料，并验收入库。投资合同约定该批原材料价值(不含可抵扣的增值税进项税额)为 1 415 万元，增值税进项税额为 183.95 万元，乙公司开具增值税专用发票。假定合同约定的价值与公允价值相等，未发生资本溢价。

(4) 6 月份，生产车间生产产品领用 W 材料 560 万元，车间管理部门领用 W 材料 196 万元，企业行政管理部门领用 W 材料 126 万元。

要求：

(1) 编制 ABC 公司持银行汇票购入材料的会计分录。

(2) 编制 ABC 公司将剩余票款退回并存入银行的会计分录。

(3) 编制 ABC 公司持签发的商业承兑汇票购入材料的会计分录。

(4) 编制 ABC 公司收到投入材料的会计分录。

(5) 编制 ABC 公司领用材料的会计分录。

项目四　固定资产业务

Ⅰ　基础题

甲公司主要从事房地产开发，粘胶纤维及粘胶纤维品、可降解纤维、功能性纤维制造与销售，纺织原料、纺织品、化工产品销售。公司为增值税一般纳税人，增值税税率13%。

（一）甲公司发生如下业务，请编制相应的会计分录。

1. 用银行存款购入卡车一辆，买价100 000元，增值税税额13 000元，卡车已交付使用。

2. 购入设备一台，价款120 000元，增值税税额15 600元，价税合计135 600元，以银行存款支付。

3. 公司法定资本总额为20 000元，其中：国家投入货币资金7 000元，全新固定资产8 000元，A企业投入货币资金4 000元，B企业投入全新设备1 000元。

4. 接受某单位捐赠设备价值20 000元。

5. 计提本月生产车间使用的固定资产折旧费7 000元。

6. 购入不需要安装的机器一台,买价 30 000 元,增值税税额 3 900 元,包装费 500 元,运费 400 元,增值税税额 36 元,全部款项已用银行存款支付。

7. 接受投资转入一台机床。投出方账面原值为 65 000 元,已提折旧 12 000 元。双方确认价值为 48 000 元,公司接受投资后投入车间使用。(不考虑增值税)

8. 以银行存款支付固定资产的修理费用 1 200 元,其中车间负担 780 元,厂部负担 420 元。

(二)甲公司发生与固定资产有关的业务如下,请编制相应的会计分录。
1. 购入电脑一批,价款 60 000 元,增值税税率 13%,价税合计 67 800 元,以银行存款支付。

2. 根据"固定资产折旧计算表",本月固定资产折旧共计 35 000 元。其中,生产车间固定资产折旧 23 000 元,管理部门用固定资产折旧 12 000 元。

3. 收到外方以设备投资,作价 50 000 元。

4. 购入一台不需要安装的新设备,发票价格为 50 000 元,增值税为 6 500 元,发生运费为 2 500 元,支付的包装费 850 元,款项全部付清。(运费不考虑增值税)

5. 公司与乙企业联营,接受乙企业投入的大型运输车辆,投出单位账面原价 900 000 元,经双方协定的价值为 700 000 元。

6. 生产车间发生固定资产日常维修 10 000 元,以银行存款支付。

7. 年末对资产进行清查,发现未入账的设备一台,重置价值 120 000 元。

Ⅱ 巩固题

A 公司主要从事通信网络设备及配套软件、相关电子产品、安装线缆、电器机械及器材、报警系统出入口控制设备等生产销售业务。公司为增值税一般纳税人,增值税税率 13%。

(一) A 公司发生与固定资产有关的业务如下,请编制相应的会计分录。

1. 购买汽车一辆,买价 60 000 元,增值税税额 7 800 元,款项已通过银行存款支付。

2. 购入不需要安装的设备一台,价款为 10 000 元,增值税税额为 1 300 元,设备当日交付使用,款项以银行存款支付。

3. 公司设立时收到甲公司投入的不需安装的机器设备一台,双方确认的价值为 150 000 元。该企业的注册资本为 300 000 元,甲公司的投资占该企业注册资本份额的 40%。(不考虑增值税)

4. 经计算本月应提固定资产折旧 20 000 元,其中:厂部使用的固定资产应提折旧 8 000 元,车间使用的固定资产应提折旧 12 000 元。

5. 收到捐赠的设备一台,公允价值 20 000 元。(不考虑增值税)

(二) A 公司年末组织人员对固定资产进行清查时,发现丢失一台设备,该设备原价 100 000 元,已计提折旧 50 000 元。经查,设备丢失的原因在于设备管理员保管不当。经董事会批准,由设备管理员赔偿 10 000 元。请编制相应会计分录。

(三) A 公司报废设备一台,原价 4 000 000 元,已提折旧 3 890 000 元,残料估价 100 000 元(已入库),支付清理费用 30 000 元。请编制固定资产报废相关的分录。

（四）A 公司 2×24 年 8 月初和 8 月末的固定资产账面原值均为 3 500 000 元。8 月份车间使用的固定资产计提折旧 28 000 元，厂部使用的固定资产计提折旧 14 000 元。2×24 年 9 月，公司发生下列经济业务，请编制相关会计分录（有明细科目的必须注明）。

1. 接受投资转入一台机床。投出方账面原值为 65 000 元，已提折旧 12 000 元。双方确认价值为 48 000 元，公司接受投资后投入车间使用。

2. 购入需要安装的机器一台，增值税专用发票列明价款为 30 000 元，增值税税额为 3 900 元，支付运输费 1 000 元（不考虑增值税），发生安装费 2 300 元，全部款项均开出转账支票予以支付。该机器安装完毕交付车间使用。

3. 购入一辆全新的运输设备，发票价格 200 000 元，增值税税额 26 000 元，保险费等 18 000 元。全部款项开出转账支票支付，车辆交付车间使用。

4. 进行财产清查时，发现盘亏机器设备一台，其账面原值为 50 000 元，已提折旧 23 000 元，经批准后予以核销。

5. 计提 9 月份的固定资产折旧。

项目五　制造费用

I 基础题

B公司为增值税一般纳税人,增值税税率13%。
(一)公司2×24年9月生产过程中发生的部分业务如下,请编制相应会计分录。
1. 8日,车间领用一般性消耗材料3 400元。

2. 20日,为进行车间管理发生零星支出1 200元,款项通过银行转账支付。

3. 30日,结算本月工资,其中生产工人工资200 000元,车间管理人员工资15 000元,企业管理部门人员工资30 000元。

4. 30日,计提车间用固定资产折旧5 000元。

5. 30日,结转本月制造费用,其中甲产品应负担60%,乙产品应负担40%。

（二）B 公司 2×24 年 6 月份发生制造费用如下，要求：
(1) 根据下述经济业务编制有关会计分录。
(2) 编制制造费用分配表。

1. 以银行存款支付生产部门电费账单 1 875.80 元，其中电费 1 660 元，增值税税额为 215.80 元。

2. 计提本月份生产部门固定资产折旧费 8 000 元。

3. 本月应付生产部门管理人员工资 2 840 元。

4. 生产部门为一般耗用而领用材料 2 800 元。

5. 现金支付由生产部门负担的财产保险费 300 元。

6. 按产品生产工时比例分配制造费用，甲、乙、丙产品本月生产工时分别为 10 000 工时、30 000 工时和 40 000 工时。

制造费用分配表

产品名称	分配标准/产品生产工时	制造费用	
		分配率	分配额/元
甲产品			
乙产品			
丙产品			
合 计			

Ⅱ 巩 固 题

B公司为增值税一般纳税人,增值税税率13%。公司2×24年9月发生的有关业务如下,请编制会计分录并登记"制造费用"总分类账(T形账)(生产成本列出明细科目)。

1. 2日,仓库发出甲材料价值100 000元,其中80 000元用于A产品的生产,20 000元用于B产品的生产;发出乙材料80 000元,其中75 000元用于B产品的生产,3 000元为车间一般耗用,2 000元为行政管理部门维修耗用。

2. 6日,以现金支付行政管理部门维修费300元。

3. 8日,以现金购买办公用品600元,其中车间领用100元,行政管理部门领用500元。

4. 10日,以银行存款支付银行结算手续费800元。

5. 11日,分配本月工资:生产工人工资25 000元,其中A产品10 000元,B产品15 000元;车间管理人员工资3 000元;行政管理人员工资8 000元。

6. 14 日,车间领用办公用品 900 元。

7. 15 日,从银行提取现金 36 000 元备发工资。

8. 19 日,用现金发放本月职工工资 36 000 元。

9. 20 日,以银行存款支付本月电话费 3 900 元,其中车间 1 300 元,管理部门 2 600 元。

10. 21 日,车间职工李冰报销学习培训费 120 元,以现金支付。

11. 22 日,车间领用劳保用手套 3 000 元,本月全部摊销。

12. 23 日,以银行存款支付本月电费 5 000 元,增值税税额 650 元,其中车间耗用 4 000 元,行政管理部门耗用 1 000 元。

13. 25日，计提本月固定资产折旧12 000元，其中基本生产车间折旧10 000元，行政管理部门折旧2 000元。

14. 25日，财务科长刘虹出差归来，报销差旅费2 800元，余款200元交回现金，款由出纳员收妥。

15. 26日，以银行存款支付应由本月负担的短期借款利息850元。

16. 27日，以现金支付行政管理部门修理费900元。

17. 29日，以银行存款15 000元支付本月财产保险费。

18. 30日，根据本月"制造费用"账户发生额，按A、B产品生产工时比例，计算分配A、B产品成本应负担的制造费用并转账(A产品生产工时3 000工时，B产品生产工时2 000工时)。

Ⅲ 提升题

ABC 公司为增值税一般纳税人,增值税税率 13%。

(一) ABC 公司 2×24 年 10 月份发生与产品生产有关的经济业务如下:

1. 甲产品期初在产品成本 5 000 元,乙产品期初无在产品。
2. 本月发生生产费用:甲产品直接材料费用 20 000 元,直接人工费用 13 000元;乙产品直接材料费用 10 000 元,直接人工费用 6 500 元。制造费用总额12 000元。
3. 本月甲产品的生产工时为 8 000 小时,乙产品的生产工时为 4 000 小时。
4. 甲产品 100 件全部完工,乙产品 50 件全部未完工。

要求:

(1) 按甲、乙产品生产工时比例分配制造费用(写出计算过程)。

(2) 计算甲产品的总成本和单位成本(写出计算过程)。

(3) 编制结转完工入库产品实际生产成本的会计分录。

（二）ABC公司2×24年11月生产A、B两种产品,生产工时分别为2 400小时和1 800小时,本月生产工人计时工资为102 900元,生产工人福利费为14 406元,制造费用为34 650元。A产品当月投产50件,当月全部完工,没有月初和月末在产品;B产品全部未完工。

要求:对工资及福利费和制造费用在A、B两种产品间进行分配(列出计算过程),分配结果填入A产品产品成本明细账(B产品产品成本明细账不要求),并在明细账中计算出A产品完工产品总成本和单位成本。

1. 直接人工分配:

2. 制造费用分配:

3. A产品成本明细账:

产品成本明细账

产品名称:A产品　　　　　投产数量:50件　　　　　金额单位:元

项目	产量/件	直接材料	直接人工	制造费用	合计
期初在产品成本	0				
本月生产费用		13 168			
结转完工产品总成本	50				
完工产品单位成本					

项目六　生产成本

Ⅰ　基础题

M 公司为增值税一般纳税人,主要生产、销售、安装铝合金格网等产品。

（一）公司 2×24 年 10 月在生产过程中发生如下经济业务,请编制相应会计分录（生产成本列出必要明细科目）。

1. 从银行提取现金 89 600 元。

2. 以现金发放本月职工工资 89 600 元。

3. 生产 A 产品领用甲材料 1 000 千克,每千克 60 元;生产 B 产品领用乙材料 400 千克,每千克 50 元;车间一般性耗用甲材料 3 000 元,乙材料 1 000 元。

4. 按规定计提本月固定资产折旧 52 000 元,其中生产车间应负担的折旧为 44 000 元,企业管理部门应负担的折旧为 8 000 元。

5. 结算本月应付职工工资,其用途和金额如下表所示。

单位:元

用　途	金　额
制造 A 产品工人工资	24 000
制造 B 产品工人工资	21 000
车间管理人员工资	18 600
行政管理部门人员工资	26 000
合　计	89 600

6. 将本月发生的制造费用按生产工人工资比例分配结转。

7. 本月生产的 A、B 两种产品全部完工,验收入库。

(二) 公司 2×24 年 6 月初甲产品在产品成本 4 200 元,乙产品在产品成本 5 400 元。公司 2×24 年 6 月发生的有关经济业务如下,请编制相应会计分录("生产成本""库存商品"账户写出明细科目,列式计算甲、乙产品完工总成本和单位成本)。

1. 月末,根据本月发出材料汇总表,本月发出材料 385 000 元。其中,甲产品领用 163 000 元,乙产品领用 212 000 元,生产车间一般耗用 7 500 元,企业管理部门一般耗用 2 500 元。

2. 月末,根据本月工资结算汇总表,本月发生工资费用 66 120 元。其中,生产甲产品工人工资 23 940 元,生产乙产品工人工资 29 640 元,生产车间管理人员工资 3 420 元,企业管理部门人员工资 9 120 元。

3. 月末，计提固定资产折旧 3 600 元。其中，生产车间 2 100 元，企业管理部门 1 500 元。

4. 月末，根据本月制造费用账户，本月共发生制造费用 42 864 元，按生产工人工资比例在甲、乙产品之间分配并结转制造费用。

5. 月末，本月完工甲产品 400 件，尚有 10 件未完工，每件在产品成本为 180 元，本月生产的乙产品 600 件全部完工。甲、乙完工产品已验收入库。

Ⅱ 巩固题

M 公司 2×24 年 10 月在生产过程中发生如下经济业务，请编制相应会计分录（生产成本列出必要明细科目）。

1. 1 日，以银行存款支付办公费 500 元，其中，第一车间 180 元，行政管理部门 320 元。

2. 2 日，生产#1 号花格网、#2 号花格网产品领用材料如下表所示。

单位：元

产品	甲材料	乙材料
#1 号花格网	8 000	4 500
#2 号花格网	5 400	3 000

3. 3日,第一车间领用丙材料1 200元作一般耗用,行政管理部门办公领用丙材料300元。

4. 5日,采购员王某预借差旅费500元,以现金付讫。

5. 8日,从银行提取现金12 000元备发工资。

6. 8日,以现金12 000元发放工资。

7. 15日,采购员王某出差归来报销差旅费485元,余款退回现金。

8. 31日,以银行存款3 300元支付本月水电费,其中,第一车间耗用2 500元,行政管理部门耗用800元。

9. 31日,结转本月职工工资,职工工资情况如下表所示。

单位:元

项 目	金 额
生产#1号花格网产品工人工资	5 500
生产#2号花格网产品工人工资	4 500
第一车间管理人员工资	1 200
行政管理人员工资	800
合 计	12 000

10. 31日,汇总本月第一车间的制造费用,并按#1号花格网、#2号花格网产品的生产工人工资在#1号花格网、#2号花格网产品间分配。

11. 本月第一车间投产的#1号花格网产品本月全部完工入库,本月投产的#2号花格网产品本月60%完工入库。

Ⅲ 提升题

L公司2×24年3月份发生下列经济业务:
1. 6日,以库存现金购买厂部用办公用品500元。(不考虑增值税)
2. 10日,仓库发出材料一批,用途及金额如下:

单位:元

用 途	材料名称		合 计
	甲材料	乙材料	
生产 A 产品耗用	35 000		35 000
生产 B 产品耗用	20 000		20 000
车间一般耗用		2 000	2 000
厂部管理部门一般耗用		1 000	1 000
合 计	55 000	3 000	58 000

3. 31 日,结转本月份职工工资,职工工资情况如下表所示。

单位:元

项 目	金 额
生产 A 产品工人工资	200 000
生产 B 产品工人工资	150 000
车间管理人员工资	50 000
厂部管理人员工资	30 000
合 计	430 000

4. 31 日,计提本月固定资产折旧 30 000 元,其中车间用固定资产 25 000 元,厂部管理部门用固定资产 5 000 元。

5. 31 日,将本月发生的制造费用转入"生产成本"账户,并按照生产工人工资比例在 A、B 两种产品之间分配。

要求:

(1) 根据上述业务编制会计分录,其中生产成本列出必要明细科目。

(2) 计算并填写制造费用分配表。

制造费用分配表

20×9 年 3 月 31 日

产品名称	生产工人工资/元	分配率	分配额/元
A 产品			
B 产品			
合　计			

(3) A 产品本月全部完工 1 000 件，B 产品月末在产品成本为 100 元，完工 10 件，结转完工入库产品成本，并填写 A 产品成本明细账。

生产成本明细账——A 产品

单位：元

2×24 年		摘要	成本项目			合计
月	日		直接材料	直接人工	制造费用	

(4) 出售 A 产品 30 件，每件售价 500 元，增值税税率 13%，收到商业承兑汇票一张。

(5) 结转销售 A 产品成本。

(6) 按 A 产品销售收入的 5% 计算税金及附加。

项目七　销售业务

Ⅰ　基础题

L公司为增值税一般纳税人,增值税税率13%。公司发生以下经济业务,请编制相应会计分录(应交税费列出必要明细科目)。

1. 销售给大华公司甲产品100件,单价200元,货款20 000元,增值税税额2 600元,款项尚未收到。

2. 向信达工厂出售A产品500件,每件售价60元,增值税税率13%,货款已收到并存入银行。

3. 以银行存款支付广告费4 500元。

4. 收到大华公司归还的货款22 600元。

5. 结转已售甲产品100件的生产成本,其单位成本为132元。

6. 通过银行转账支付销售产品的宣传设计费2 000元。

7. 销售乙产品 200 件给天泰集团,单位售价 200 元,增值税税率 13%,收到对方签发并承兑的商业汇票一张共 45 200 元。

8. 收到天泰集团票据款 45 200 元存入银行。

9. 收到大华公司上月所欠本月应归还的货款 15 000 元。

10. 向 E 公司出租包装箱一批,收取租金 10 000 元存入银行。

11. 收到胜通公司预付的购货款 30 000 元。

12. 销售甲产品给胜通公司,货款 80 000 元,增值税 10 400 元。

13. 收到胜通公司余货款 60 400 元。

14. 支付产品展览费 2 000 元。

15. 根据本月份应缴的增值税计提城市维护建设税 2 100 元,教育费附加 900 元。

16. 出售多余材料,价款 1 000 元,增值税税额 130 元,款 1 130 元已收到。

17. 上述出售材料购入成本 800 元,结转销售材料的成本。

18. 归还原通达公司预付的购货款 100 000 元。

Ⅱ 巩固题

L 为增值税一般纳税人,增值税税率 13%。

(一) 公司 6 月份发生以下经济业务,请编制相应会计分录(应交税费、库存商品列出必要的明细科目)。

1. 向立达厂出售 A 产品 400 件,价款 400 000 元,增值税税额 52 000 元,价税款尚未收到。

2. 收到圣达厂归还前欠货款 200 000 元，存入银行。

3. 向万达出售 B 产品 200 件，每件售价 900 元，增值税税率 13%，货款已收并存入银行。

4. 结转本月出售产品的生产成本，其中 A 产品 250 000 元，B 产品 100 000 元。

5. 本公司出售的 B 产品属应税消费品，消费税税率为 5%，计算本月应交消费税。

6. 出售乙材料 200 千克，每千克 700 元，税率 13%，款项已存入银行。

7. 乙材料的成本为每千克 500 元，结转其成本。

（二）公司7月份发生下列销售业务,请编制相应会计分录(应交税费列出必要的明细科目)。

1. 销售1号产品80台,单价4 000元,税率13%,价税款暂未收到。

2. 预收2号产品货款200 000元,款项收到并存入银行。

3. 用银行存款1 500元支付销售产品的广告费。

4. 发出2号产品90件,单价2 500元,增值税税率为13%,尾款收到一张已承兑的商业汇票。

5. 结转本月已销1、2号产品的产品成本,单位成本分别是2 200元、1 000元。

6. 经计算本月销售产品的税金及附加为1 600元。

7. 3个月期限的应收票据款20 000元到期,对方无款支付。

8. 结转损益类账户。

Ⅲ 提升题

M 公司为增值税一般纳税人,增值税税率 13%。

(一) 公司 6 月份发生如下经济业务,请编制相应的会计分录(应交税费、库存商品列出必要的明细科目)。

1. 向甲工厂出售 A 产品 500 件,每件售价 60 元,增值税税率 13%,货款已收到并存入银行。

2. 向乙公司出售 B 产品 300 件,每件售价 150 元,增值税税率 13%,货款尚未收到。

3. 以银行存款支付上述 A、B 两种产品在销售过程中发生的运输费 800 元,包装费 200 元。

4. 结算本月销售机构人员工资 1 000 元。

5. 按 10% 税率计提 B 产品的消费税。

6. 向丙工厂出售材料物资 100 千克,单价 12 元,增值税税率为 13%,货款 1 356 元已收存银行。

7. 结转本期销售产品的实际生产成本(A 产品每件 45 元,B 产品每件 115 元)。

8. 结转本期销售材料的实际采购成本(每千克 10 元)。

(二) 公司 12 月份销售业务如下,请编制相应的会计分录(应交税费、收入类科目列出必要的明细科目)。

1. 26 日,预收大光工厂订购 A 产品的货款 100 000 元存入银行。

2. 27 日,销售给大明工厂 A 产品 10 件,每件售价 18 000 元,价款 180 000 元,增值税税额 23 400 元,款项收到并存入银行。

3. 27 日,收到大宏工厂前欠的货款 200 000 元并存入银行。

4. 28 日,销售给大津工厂 B 产品 20 件,每件售价 10 000 元,价款 200 000 元,增值税税额 26 000 元,收到一张期限为 3 个月、票面金额为 226 000 元的商业汇票。

5. 30 日,向大光工厂发出其预订的 A 产品 20 件,每件售价 18 000 元,价款 360 000元,增值税税额 46 800 元。

6. 31日,收到大光工厂补付的货款306 800元。

7. 31日,通过银行转账支付销售产品的广告费2 000元。

8. 31日,以现金支付广告费800元。

9. 31日,收到大理工厂商业汇票款75 000元并存入银行。

10. 31日,按本月产品销售收入的10%计算应交纳的消费税。

11. 31日,销售一批原材料给长江工厂,售价为15 000元,增值税税额1 950元,货款尚未收到。

12. 31日,结转本月已售原材料的实际成本12 000元。

13. 31日,结转本月已售A产品的销售成本400 000元、B产品的销售成本100 000元。

项目八　期间费用

Ⅰ　基础题

T公司主要从事承接各类建筑室内、室外装修装饰工程的设计及施工业务。公司2×24年1月发生以下部分经济业务,请编制相应的会计分录。

1. 企业销售商品过程中发生广告费1 250元,以银行存款支付。

2. 本月专设营销机构的人员工资为12 000元。

3. 计算并用现金支付印花税费60元。

4. 收到本季度银行存款利息1 200元。

5. 按规定上交的公司董事会费7 800元。

6. 支付银行代扣的银行汇票手续费12元。

7. 以银行存款支付业务招待费 5 800 元。

8. 企业收到银行支付的本季度利息收入 3 100 元。

9. 计提本月流动资金借款利息 4 200 元。

10. 以银行存款支付合同违约金 12 000 元。

11. 以银行存款支付产品广告费 32 000 元。

12. 以转账支票购买办公用品 600 元,其中车间领用 100 元,行政管理部门领用 500 元。

13. 以银行存款支付产品展览费 2 000 元。

14. 王平出差,报销差旅费 1 650 元,余款 150 元退回。

15. 以转账支票支付公司办公设备大修理费 4 000 元。

16. 购买公司办公用品 2 600 元，以银行存款支付。

17. 以库存现金支付本月的厂部报刊杂志费 260 元。

18. 计提本月固定资产折旧 4 600 元，其中基本车间用 3 000 元，厂部用 1 600 元。

19. 本月应付生产部门管理人员工资 2 840 元。

20. 本月管理部门领用材料 20 000 元。

Ⅱ 巩固题

T 公司主要从事承接各类建筑室内、室外装修装饰工程的设计及施工业务。公司 2×24 年 12 月发生以下部分经济业务，请编制相应的会计分录。

1. 采购部张三预借差旅费 3 000 元，以现金付讫。

2. 张三出差回来报销 2 800 元，余款 200 元退回。

3. 预提本月应负担的短期借款利息 1 000 元。

4. 财务经理报销业务招待费 1 500 元，以现金支付。

5. 以银行存款支付广告费 35 000 元。

6. 以银行存款 4 500 元预付下一季度的报刊杂志费。

7. 以银行存款支付行政管理部门本月办公费 5 000 元。

8. 因客户违反合同，通过索赔取得 26 000 元的赔偿费，款已收存银行。

9. 缴纳滞纳金及罚款共计 12 000 元，已开出转账支票支付。

10. 购买办公用品 3 200 元，增值税税额 416 元，转账支付。

11. 年终计提银行两年期借款利息12 000元(分期付息)。

12. 公司本月共发出甲材料51 200元,其中生产A产品耗料30 000元,生产B产品耗料18 000元,车间一般耗料2 000元,行政管理部门耗料1 200元。

13. 公司结算本月应付职工工资60 500元,其中生产A产品工人工资27 000元,生产B产品工人工资18 000元,车间管理人员工资4 000元,行政管理人员工资11 500元。

14. 公司计提本月固定资产折旧5 600元,其中车间用固定资产折旧3 900元,行政管理部门用固定资产折旧1 700元。

15. 职工李明报销医药费300元,经批准后用现金支付。

16. 公司对行政科实行定额备用金管理办法。本月行政科持有关单证报销办公用品费900元,财会科以现金补足其备用金定额。

17. 以现金25 000元支付本月份管理人员工资。

18. 经批准公司将确实无法支付的应付账款 2 500 元转作营业外收入。

19. 期末,结转本期实现的收入账户。

20. 期末,结转本期发生的费用账户。

项目九　债权债务

Ⅰ　基础题

T公司主要从事有机光导系列产品、墨粉、粉盒及相关衍生产品的生产和销售业务。公司2×24年有关业务如下,请编制相应的会计分录。

1. 收回应收账款40 000元存入银行。

2. 以银行存款支付前欠货款6 000元。

3. 从银行借入短期借款10 000元直接偿还应付账款。

4. 收到销售产品时出租给中原公司的包装物押金8 600元,存入银行。

5. 以银行存款2 500元预付采购材料货款。

6. 用银行存款交纳企业所得税 30 000 元。

7. 收到三亚公司预付的材料款 10 000 元，存入银行。

8. 开出商业汇票支付欠款 12 000 元。

9. 计提短期借款利息 800 元。

10. 采购员李明向出纳员预借差旅费 500 元，出纳员用现金支付。

11. 上月该公司欠兴隆工厂货款 12 330 元，现确认该厂已经倒闭，所欠货款转作营业外收入。

12. 向银行申请 2 年期借款 100 000 元，借款已划入企业银行存款账户。

13. 收到大理工厂商业承兑汇票款 7 000 元存入银行。

14. 用库存现金发放职工工资 18 000 元。

15. 购入原材料一批,价款为 40 000 元,增值税税额为 5 200 元,原材料已验收入库,货款尚未支付。

16. 5 日,购入 200 件原材料,价款为 5 000 元,增值税税率 13%,材料尚未到达,签发商业承兑汇票支付货款。

17. 以银行存款支付到期的商业汇票款 5 650 元。

18. 以银行存款支付分配给投资者的利润 200 000 元。

19. 该公司本月向长江工厂出售 A 产品 80 件,每件售价 700 元,增值税税率为 13%,货款尚未收到。

20. 张三出差回来报销 2 800 元,余款 200 元退回。

Ⅱ 巩固题

M 公司主要从事研发、生产包括数字音、视频编解码器和视频会议、视频监控平台设备在内的网络通信设备及软件业务。

（一）公司 2×24 年 9 月发生以下经济业务，请编制相应会计分录（其中，债权债务账户必须注明相应明细账户）。

1. 2 日，向 A 公司购入材料一批，价款 100 000 元，增值税 13 000 元，对方代垫运杂费 500 元。材料已验收入库，款项尚未支付（存货采用实际成本核算）。

2. 3 日，以银行存款支付上述款项。

3. 接供电部门通知，本月应付电费 58 000 元，其中生产车间电费 42 000 元，行政管理部门电费 16 000 元。

4. 5 日，与 D 公司签订供货合同，合同规定供货金额 200 000 元，增值税 26 000 元。D 公司通过银行先预付全部款项的 60%，余款在货物验收后付清。货已发运，M 公司以银行存款支付代垫运费 1 000 元。

5. 10 日，向 E 公司出租包装箱一批，收取押金 10 000 元存入银行。

6. 20 日,以银行存款支付以前年度所欠 B 公司的货款 2 000 元。

7. 21 日,20 日支付 B 公司的款项被银行退回。经核实 B 公司已经破产倒闭,银行账户也已注销,款项无法支付。

8. 22 日,接银行通知,收到 D 公司补付的欠款。

(二) 公司 2×24 年 10 月发生以下经济业务,请编制相应会计分录。
1. 出售 B 产品 2 000 件给红光公司,每件售价 130 元,共计 260 000 元,增值税税额 33 800 元,货款尚未收到。

2. 收到民族商场预购 B 产品的货款 10 000 元,存入银行。

3. 银行通知,收到大华公司以前所欠的货款 150 600 元。

4. 售出 A 产品 300 件给力能公司,每件售价 120 元,共计 36 000 元,增值税税款 4 680 元,收到力能公司开来面额为 40 680 元、期限为 3 个月的商业承兑汇票一张。

5. 发给民族商场预购的 B 产品 2 100 件，每件售价 130 元，共计 273 000 元，增值税税额 35 490 元，同时收到民族商场补付的货款，款项存入银行。

6. 外购一批原材料，其买价为 50 000 元，增值税税率为 13%，以银行存款支付 20 000 元，其余款项暂欠。

7. 某单位开出的三个月商业汇票 120 000 元到期，对方无力付款。

Ⅲ 提升题

L 公司主要从事对外派遣工程、生产及服务行业所需的劳务人员业务。

10 月 1 日，L 公司"应收账款"总账借方余额为 4 868 元，其中，"应收账款——乙企业"明细账借方余额为 2 378 元，"应收账款——丙企业"明细账借方余额为 2 490 元。L 公司 10 月份发生下列经济业务，要求：

（1）根据下述经济业务编制相应会计分录（凡涉及债权、债务的会计科目，必须写出各级明细科目）。

（2）根据记账凭证账务处理程序的要求，登记"应收账款"总分类账并进行月末结账，同时登记"应收账款——乙企业"明细分类账并进行月末结账、登记"其他应收款——备用金（张正）"明细分类账并进行月末结账。

1. 5 日，以库存现金支付新聘采购员张正定额备用金 25 000 元。张正的这一备用金定额已由总经理批准。

2. 6日,出借给甲企业包装桶一批,收到押金6 000元,存入银行。

3. 7日,销售给乙企业A产品一批,货款为120 000元,增值税税额15 600元,以银行存款垫付运杂费600元,款项尚未收到。

4. 8日,销售给丙企业B产品一批,货款为210 000元,增值税税额27 300元,款项尚未收到。

5. 10日,采购员张正出差回来报销差旅费,实际报销24 500元,以库存现金支付。

6. 12日,甲企业借用的包装桶全部归还,以银行存款退回押金6 000元。

7. 13日,乙企业归还7日购货全部款项的70%,并存入银行。

8. 14 日,销售给乙企业 C 产品一批,货款为 100 000 元,增值税税额 13 000 元,款项尚未收到。

9. 28 日,收到乙企业所欠 C 产品货款 113 000 元,款项存入银行。

10. 30 日,由于采购员张正的业务量减少,总经理决定将张正的备用金定额从 25 000 元减至 15 000 元,财务部门收回现金。

应收账款总分类账

账户名称：应收账款　　　　　　　　　　　　　　　　　　　　　　单位：元

2×24年		凭证号码	摘要	借方	贷方	借或贷	余额
月	日						
		略					

应收账款明细账

账户名称：乙企业　　　　　　　　　　　　　　　　　　　　　　　　单位：元

2×24年		凭证号码	摘要	借方	贷方	借或贷	余额
月	日						
		略					

其他应收款明细账

二级科目：备用金

账户名称：张正　　　　　　　　　　　　　　　　　　　　　　　　　单位：元

2×24年		凭证号码	摘要	借方	贷方	借或贷	余额
月	日						
		略					

项目十　利润的形成和分配

Ⅰ　基础题

M公司主要生产、加工彩涂钢板、镀锌板、耐高腐蚀性铝锌合金板及相关产品，并销售本公司生产的产品。公司在新加坡上市，属于台港澳地区与境内合资，是增值税一般纳税人，增值税税率13%，企业所得税税率25%。

（一）2×24年12月公司部分业务如下，请编制相应会计分录。

1. 月末，结转损益类收入账户的余额，其中：主营业务收入350 000元，其他业务收入10 000元，投资收益70 000元，营业外收入100 000元。

2. 月末结转损益类费用账户余额，其中：主营业务成本210 000元，销售费用8 000元，税金及附加8 500元，管理费用34 500元，财务费用2 000元，其他业务成本7 000元，营业外支出60 000元。

3. 按利润总额的25%计算并结转所得税（假定企业不存在纳税调整事项）。

4. 将全年实现的净利润150 000元进行结转。

(二) 2×24 年 10 月公司发生下列经济业务,请编制相应会计分录。

1. 销售给华天公司甲产品 200 件,单位售价 100 元,货款 20 000 元,增值税税率为 13%,款项尚未收到。

2. 以银行存款支付销售产品快递费 4 500 元。

3. 结转已售 200 件产品的生产成本,单位成本为 66 元。

4. 收到通达公司预付的购货款 100 000 元。

5. 销售 A 产品 200 件给华泰集团,单位售价 150 元,增值税税率 13%,收到对方签发并承兑的商业汇票一张。

6. 销售甲产品给通达公司,货款 80 000 元,增值税税款 10 400 元,余款以银行存款退还。

7. 计提城市维护建设税 2 100 元,教育费附加 900 元。

8. 支付产品展览摊位费 2 000 元。

9. 出售废料收入 1 000 元,增值税税额 130 元,款已收到。该材料成本为 800 元。

10. 将损益类账户转入"本年利润"。

（三）M 公司 2×24 年有关损益类科目的年末余额如下：

科目名称	结账前余额/万元
主营业务收入	800
主营业务成本	350
税金及附加	13
销售费用	67
管理费用	40

其他业务资料如下：
（1）年末一次性结转损益类科目。
（2）适用的所得税税率为 25%，假定不存在纳税调整事项。
（3）按当年净利润的 10% 提取法定盈余公积。
（4）宣告向投资者分配利润 40 万元。
要求：
1. 编制 M 公司年末结转各损益类科目余额的会计分录。

2. 计算 M 公司 2×24 年应交所得税金额。

3. 编制 M 公司确认并结转所得税费用的会计分录。

4. 编制 M 公司将"本年利润"科目余额转入"利润分配——未分配利润"科目的会计分录。

5. 编制 M 公司提取法定盈余公积和宣告分配利润的会计分录。

Ⅱ 巩 固 题

L 公司主要生产和销售保健品系列、普通食品系列、化妆品系列、洗涤剂系列、肥皂系列及酒类等产品业务。公司属于内资企业,为增值税一般纳税人,增值税税率13%,企业所得税税率25%。

一、公司 2×24 年 12 月 1 日到 31 日损益类账户发生额如下：

主营业务收入	800 000 元	销售费用	30 000 元
其他业务收入	60 000 元	管理费用	50 000 元
税金及附加	8 000 元	财务费用	18 000 元
其他业务成本	35 000 元	营业外支出	16 000 元
主营业务成本	320 000 元	营业外收入	2 400 元

要求：

1. 结转本月损益类账户。

2. 按 12 月利润总额(不考虑调整因素)的 25% 计算结转所得税,计算出 12 月利润净额,并做相关账务处理。

3. 设全年净利润 8 600 000 元,按净利润的 10% 计提法定盈余公积,按可供分配利润的 45% 向投资者分配利润,并做相关账务处理。

二、公司 2×24 年 8 月 31 日期末账项调整及有关账户结转前,部分账户的余额如下:

账户名称	借方余额/元	账户名称	贷方余额/元
生产成本	57 600	主营业务收入	86 400
制造费用	12 800		
库存商品	12 640		
销售费用	2 400		
管理费用	6 640		

假设 8 月份需要调整和结转的账项如下,请编制有关期末账项调整和结转的会计分录。

1. 计算本月份水电费 5 200 元,其中生产车间照明等耗用 3 000 元,行政管理部门耗用 2 200 元,该项费用至今尚未支付。

2. 预提本月短期借款利息 500 元,尚未支付。

3. 本月应计提固定资产折旧 4 000 元,其中行政管理部门负担 25%,生产车间负担 75%。

4. 结转本月发生的全部制造费用。

5. 结转本月完工入库产品成本 62 000 元。

6. 结转本月已售产品的销售成本 60 000 元。

7. 计算本月的税金及附加 4 320 元。

8. 按本月实现利润总额的 25% 计算应交所得税。

9. 将本月所有的收入、费用支出等损益类账户转入"本年利润"账户。

Ⅲ 提 升 题

L 公司主要生产和销售保健品系列、普通食品系列、化妆品系列、洗涤剂系列、肥皂系列及酒类等产品业务。公司属于内资企业,为增值税一般纳税人,增值税税率 13%,企业所得税税率 25%。

(一) 2×24 年 12 月有关资料如下:
(1) 本月有关收入账户的发生额如下:
主营业务收入(贷方)　　6 854 000 元
其他业务收入(贷方)　　　 45 000 元
投资收益(贷方)　　　　　240 000 元
营业外收入(贷方)　　　　 30 000 元
(2) 本月有关费用、支出类账户发生额如下:
主营业务成本(借方)　　5 264 000 元
税金及附加(借方)　　　　 24 000 元
其他业务成本(借方)　　　 31 000 元
营业外支出(借方)　　　　 46 000 元
管理费用(借方)　　　　　542 000 元

财务费用(借方)　　　　　46 000 元
销售费用(借方)　　　　　64 000 元

(3) 所得税税率为 25%(假定无纳税调整项目)。
(4) 1~11 月实现的净利润为 8 448 000 元。
(5) 按全年净利润的 10% 提取盈余公积。
(6) 经董事会研究决定,本年向投资者分配利润 3 600 000 元。

要求：根据上述经济业务按下列要求编制会计分录或进行计算。

1. 计算 2×24 年 12 月份的营业利润、利润总额。

2. 按本月实现的利润总额计算所得税费用并结转,计算 12 月份净利润。

3. 将本月收入类账户发生额结转入"本年利润"账户。

4. 将本月费用、支出账户发生额结转入"本年利润"账户。

5. 按全年净利润的 10% 提取盈余公积。

6. 结转应分配给投资者的利润。

7. 结转 2×24 年全年净利润。

8. 将利润分配相关明细账转入"利润分配——未分配利润"账户。

（二）公司 2×24 年 12 月份发生下列经济业务，请编制相应会计分录（利润分配列出必要的明细科目）。

1. 月末，将全部损益类账户转入"本年利润"账户。

账　户	借方发生额/万元	贷方发生额/万元
主营业务收入	10	310
其他业务收入		62
投资收益		5
主营业务成本	140	
营业外支出	3（其中2万元为偷税罚款）	
管理费用	8	
销售费用	6	
财务费用	3	1

2. 按照本月应纳税所得额的 25% 计算应交所得税。

3. 将"所得税费用"账户余额转入"本年利润"账户。

4. 将"本年利润"账户余额转入"利润分配——未分配利润"账户。

5. 按税后利润 10% 提取法定盈余公积金。

6. 按税后利润的5%提取任意盈余公积金。

7. 按税后利润的30%计算应付给投资者的利润。

8. 将"利润分配"账户的各明细账户余额转入"利润分配——未分配利润"明细账户。

项目十一　财产清查结果处理

Ⅰ　基 础 题

一、CH 公司为增值税一般纳税人，主要从事普通货运、房地产开发等业务。其在 2×24 年 12 月的财产清查中发现以下情况，请编制相应会计分录（待处理财产损溢列出必要的明细科目）。

1. 现金清查中，发现库存现金较账面余额多出 800 元。经查其中 500 元为应付 A 单位的账款，其余部分原因不明。

2. 现金清查中，发现库存现金较账面余额短缺 600 元。经查现金的短缺属于出纳员李丽的责任，责任人赔偿 400 元，其余不明。

3. 某企业财产清查中，发现盘盈甲材料 2 000 元，经查明是由于收发计量上的错误所致。

4. 某企业盘亏乙材料 2 000 元，经查明部分是由于保管人员过失造成的材料毁损，应由过失人赔偿 1 500 元，其余为自然灾害造成，假设不考虑增值税因素。

5. 某企业在财产清查中,发现账外生产用设备一台,其同类产品市场价为 20 000 元,估计折旧为 8 000 元。

6. 某企业在财产清查中,发现盘亏设备一台,其原值为 50 000 元,已提折旧额 30 000 元,报经批准后处理。

二、某企业在财产清查中发生下列业务,请编制相应会计分录(假定不考虑增值税)。

1. 现金清查中,发现现金短缺 500 元,经研究决定由出纳人员赔偿 300 元,余款报损,做批准后的分录。

2. 在财产清查中发现盘亏设备一台,原价 60 000 元,已提折旧 10 000 元,做批准前的分录。

3. 经批准后,将业务 2 中盘亏的固定资产予以转销。

4. 在财产清查中发现甲材料短缺 8 000 元,做批准前的分录。

5. 经批准,甲材料短缺的 8 000 元,应由过失人赔偿,做批准后的分录。

6. 在财产清查中发现盘盈乙材料 200 元,做批准前的分录。

Ⅱ 巩 固 题

一、CH 公司为增值税一般纳税人,主要从事普通货运、房地产开发等。其在 2×24 年 12 月的财产清查中发现以下情况,请编制相应的会计分录。

1. 在财产清查过程中盘盈现金 20 000 元,其中 12 000 元属于应支付给其他公司的违约金,剩余盘盈金额无法查明原因。

2. 在财产清查中,盘亏设备一台,原值为 80 000 元,已提折旧 50 000 元。经查明,由过失人赔偿 5 000 元,已批准进行处理。

3. 现金清查时短款 52 元,属于刘平的责任,尚未收到赔款。

4. 发现某产品盘盈 200 千克,单位成本为 10 元,共计 2 000 元。经查该项盘盈属于收发计量错误造成。

5. 盘亏材料10 000元,可以收回的保险赔偿和过失人赔款合计5 000元,剩余的净损失中有3 000元属于非常损失,2 000元属于自然损耗。

二、甲公司财产清查中发现如下问题,请编制相应的会计分录。

1. 在财产清查中发现现金短款150元,经查其中100元是预支给小李出差的差旅费,另50元无法查明原因,要求做报批前后的账务处理。

2. 盘亏A材料800元。经查,其中200元系自然损耗,另600元系责任人造成,由其赔偿。

3. 盘亏D材料800千克,单价12元/千克。经查,系非常损失造成,保险公司同意赔偿50%。

4. 盘盈一台固定资产,重置完全价值为50 000元,七成新,经查是漏账所致,所得税税率是25%,按10%计提法定盈余公积。(假定与其计税政策不存在差异)

5. 盘亏一台旧机器,账面价值100 000元,已计提折旧80 000元,经查是非正常损失造成。

三、Z公司为增值税一般纳税人,增值税税率为13%,在财产清查中,发现下列情况,请编制相应的会计分录。

1. 盘亏机器一台,账面原值8 000元,已提折旧3 000元。

2. 盘盈设备一台,重置价值100 000元,八成新。所得税税率25%,按10%提取法定盈余公积。

3. 甲材料账面余额300千克,专用发票上注明料款6 000元,增值税税额780元,实地盘点数为290千克,是收发过程中计量误差所致。

4. 乙材料账面余额450千克,单价15元/千克,实地盘点数为460千克。

5. 短缺现金85元,经批准由出纳承担。

Ⅲ 提升题

CH 公司为增值税一般纳税人，主要从事普通货运、房地产开发等业务。

（一）公司在 2×24 年 7 月 31 日盘点材料发生盈、亏及 8 月份处理如下，请编制相应会计分录（原材料、其他应收款列出必要的明细科目）。

1. 7 月 31 日：

甲材料　账存　1 246 千克　盘存　1 240 千克　单价 20 元

乙材料　账存　　379 千克　盘存　　405 千克　单价 40 元

丙材料　账存　　643 千克　盘存　　543 千克　单价 10 元

丁材料　账存　　579 千克　盘存　　549 千克　单价 25 元

2. 8 月 4 日，上述材料盈亏，经查明原因，分别做如下处理：

（1）甲材料盘亏，系自然损耗，按规定批准转销。

（2）乙材料盘盈，系发料计算差错所致，经批准冲减本月费用。

（3）丙材料盘亏，系购料时对方单位少发，经联系，对方同意退还本单位已付的少发材料价款，但尚未收到。

（4）丁材料盘亏，系保管员管理不善所致，应由保管员赔偿。

（二）公司 2×24 年年末进行全面财产清查，发现存在下列情况，请做出相关会计分录。

1. A 材料账面结存数为 4 000 千克，每千克 5 元，实际盘点为 4 200 千克。经查属于收发计量差错而致，经批准冲减管理费用。

2. 发现 B 材料盘亏 5 000 元，相应的增值税税额为 650 元。经查系仓库保管员张平管理不善造成，属于责任事故，公司决定由张平赔偿，但赔偿款尚未收到。

3. 发现盘亏设备一台，其原始价值为 5 000 元，已提折旧 3 500 元。上述设备盘亏无法查明原因，经批准计入营业外支出。

4. 发现毁损库存商品 8 000 元。经查，上述库存商品毁损系自然灾害造成。

（三）公司 2×24 年期末清查时发现以下问题，请编制相应会计分录（存货类科目列出必要的明细科目）。

（1）甲材料盘盈 100 千克，每千克 4 元。

（2）A 商品盘亏 100 件，每件生产成本 7 元。

(3) 盘亏设备一台,账面原价 4 000 元,已提折旧 3 000 元。

(4) 库存现金盘亏 200 元。

(5) 乙材料盘亏 200 千克,每千克 1 元。

上述事项经核查,原因如下:
(1) 甲材料盘盈属于收发过程中计量不准造成。

(2) A 商品盘亏是由于仓库被盗造成,由企业自己承担。

(3) 设备盘亏属于自然灾害造成,由保险公司赔偿 80%,其余由企业承担。

(4) 库存现金盘亏属于出纳员多支付工资造成,由其向职工葛望追回。

(5) 乙材料盘亏 200 千克,其中 50 千克属于自然损耗,另 150 千克属于仓库保管员王力疏忽造成,由其负责赔偿。

（四）公司在2×24年12月31日财产清查中发现以下问题,请编制相应会计分录。

1. 公司在财产清查中盘盈A材料2 000千克,实际单位成本120元,经查明属于材料收发计量方面的错误(不考虑增值税)。请做批准处理前和批准处理后的会计处理。

2. 乙企业对原材料进行盘点,发现盘亏原材料200千克,实际单位成本2.20元。经查属于计量和管理不善方面的差错。其中,属于自然损耗产生的定额内合理损失为40元,应由保管员张某赔偿150元,属于保险公司责任范围的,应由保险公司赔偿100元,余额计入管理费用。(不考虑增值税)

3. 乙企业对原材料进行盘点,发现盘亏原材料300千克,实际单位成本2元。经查属于当年夏天雷击造成的毁损。其中,应由保管员王某赔偿160元,属于保险公司责任范围的,应由保险公司赔偿350元,余额90元计入营业外支出。

第二部分 综合练习

综合练习(一)

CY公司为增值税一般纳税人,主要从事仪器仪表、电子、环保、电工器材、机械、自动化控制设备的制造等,注册资本24 172万元。公司1月份有关经济业务如下,请编制相应的会计分录(应交税费列出必要明细科目)。

1. 从银行取得一年期借款600 000元存入银行。

2. 接受投资人投入的房产一处,评估作价800 000元投入使用。

3. 收回某单位所欠本企业货款70 000元存入银行。

4. 用银行存款支付广告费3 700元。

5. 从银行提取现金10 000元,准备发放工资。

6. 结算本月应付职工工资,其中:生产工人工资8 000元,车间管理人员工资1 000元,厂部管理人员工资1 000元。

7. 预提应由本月负担的本月初借款利息 375 元。

8. 用转账支票购买办公用品 300 元。

9. 根据发出材料汇总表分配材料费用,其中:生产产品耗用 24 120 元,车间一般耗用 4 000 元,行政部门一般耗用 2 000 元。

10. 预收 C 产品货款 50 000 元存入银行。

11. 提取本月固定资产折旧,其中车间计提 10 000 元,管理部门计提 7 500 元。

12. 销售 A 产品 1 000 件,每件售价 300 元,增值税税额 39 000 元,款项尚未收到。

13. 董事局张某出差预借差旅费 1 000 元,以现金支付。

14. 向银行借入 6 个月的款项 10 万元,三年期款项 60 万元,收到银行收账通知。

15. 用资本公积 30 000 元转增资本。

16. 结转已销 A 产品成本 312 500 元。

17. 月末计算本月应交城市维护建设税为 2 500 元。

18. 结转本期主营业务收入 385 000 元和营业外收入 300 元。

19. 结转本期主营业务成本 312 500 元、销售费用 8 000 元、管理费用 10 300 元、财务费用 2 000 元和营业外支出 10 000 元。

20. 在不存在纳税调整账项的情况下,按利润总额的 25% 计算企业所得税 14 025 元。

综合练习(二)

HT公司主营光纤光缆、电力电缆、特种通信线缆等业务,是增值税一般纳税人,其生产所需的主要原材料为青铜、铝锭等,生产采用品种法。公司1月份发生以下经济业务,请编制相应会计分录,并列出必要的明细科目。

1. 企业购入材料青铜40千克,单价5元,增值税税率为13%,材料铝锭10千克,单价5元,增值税税率为13%,款项暂欠。

2. 转账支付上述青铜、铝锭的运杂费100元,要求用重量比例分摊。

3. 上述青铜、铝锭材料已验收入库。

4. 采购员张某出差,预借差旅费4 000元,以现金支票支付。

5. 外单位投资150 000元,其中以支票方式付60 000元,一台新机器作价90 000元。

6. 生产光纤光缆产品领用青铜1 000元,铝锭600元,车间一般耗用200元,管理部门用100元。共领用材料1 900元。

7. 结转本月工人工资，其中光纤光缆的生产工人工资 2 000 元，车间管理人员工资 1 000 元，企业管理人员工资 1 500 元。

8. 开出支票购买车间用办公用品 1 000 元。

9. 计提短期借款利息 300 元。

10. 用银行存款支付生产设备租金 2 000 元。

11. 计提本月固定资产折旧，其生产用固定资产 1 000 元，车间管理部门用 300 元，企业行政管理部门用 700 元。

12. 以银行存款归还前欠外单位货款 9 000 元。

13. 销售光纤光缆 100 米，单价 200 元，增值税税率 13%，收到对方开具的商业汇票。

14. 用银行存款支付车间设备修理费 2 100 元。

15. 结转已销光纤光缆的成本,每米 60 元。

16. 按本期营业收入的 5% 计算应交的消费税。

17. 结转本月入库光纤光缆的成本 8 000 元。

18. 向银行借入期限为 6 个月的借款 5 000 元存入银行。

19. 从银行提取现金 4 500 元发放工人工资。

20. 计算本月应交所得税为 800 元。

综合练习(三)

KL公司主要制造、加工和销售电梯、自动扶梯等产品,为增值税一般纳税人。公司1月份发生部分经济业务如下,请编制相应会计分录(应交税费、生产成本、利润分配列出必要的明细科目)。

1. 采购员张某出差归来,报销差旅费600元,余款400元交回现金。

2. 收到丙投资者投入的机器设备作价80 000元,丙拥有注册资本150 000元中的1/3股权。

3. 支付本月银行借款利息1 300元(没有预提)。

4. 企业销售甲产品200件,售价400元,乙产品150件,售价450元,增值税税额19 175元,上述款项均已收存银行。

5. 开出转账支票由银行代付工资22 600元。

6. 以现金支付销售产品的广告费400元。

7. 购入股票 20 000 元,另外支付交易费用 100 元,作为交易性金融资产,款项从证券公司资金账户中列支。

8. 收到职工交来的违纪罚款 350 元,现金形式收取。

9. 企业共销售甲产品 400 件,乙产品 200 件,其单位成本分别为 135 元/件、170 元/件,结转销售成本。

10. 据合同规定,预收恒源厂定金 20 000 元。

11. 收到三山公司以专利权形式追加的投资,专利权作价 20 000 元,所占股份价值 20 000 元。

12. 向恒源厂发出甲产品 100 件,单价 400 元,增值税税额 5 200 元。

13. 收取恒源厂余款 25 200 元。

14. 开出现金支票向四川灾区捐款 100 000 元。

15. 公司生产工人工资：甲产品 13 500 元，乙产品 6 500 元，车间管理人员工资 4 100 元，行政管理人员工资 5 000 元。

16. 购入材料 2 000 千克，单价 10 元，增值税税率 13%，款项暂欠，另外以现金支付运杂费 1 000 元。

17. 计提固定资产折旧，其中生产车间提折旧 4 200 元，行政管理部门提折旧 2 200 元。

18. 企业实现主营业务收入 250 000 元，主营业务成本 88 000 元，税金及附加 1 450 元，销售费用 4 900 元，管理费用 15 700 元，财务费用 1 300 元，营业外收入 350 元，营业外支出 1 000 元。月末结转本年利润。

19. 公司本年实现净利润 1 000 000 元。

20. 宣告向投资者分配现金股利 350 000 元。

综合练习(四)

XM 公司主要从事纺织原料(皮棉除外)及纺织品、服装、服饰及绣品、纺织助剂及染化料、纺机及纺机配件的生产、销售等业务。公司为增值税一般纳税人。

(一) 公司 2×24 年 8 月末资产总额为 500 万元,负债总额为零,9 月份发生如下经济业务,请编制相应会计分录并计算 9 月末资产总额。(单位:万元)

1. 以银行存款购买一台价值 30 万元不需要安装的机器设备,增值税税额 3.9 万元。

2. 向光大银行购买生产用材料 15 万元(不考虑相关税费),材料已入库,款项未付。

3. 接受投资者投入的无形资产 20 万元。

4. 用银行存款偿还欠光大公司购料款 15 万元。

5. 向银行借入 2 年期贷款 20 万元。

（二）请分别编制资料一、资料二的会计分录并计算期末实收资本的余额，实收资本列出必要的明细科目(单位：万元)。

资料一：假定 A、B、C 三公司共同投资组成 XM 公司。按 XM 公司的章程规定，注册资本为 900 万元，A、B、C 三方各占三分之一的股份。假定 A 公司以厂房投资，该厂房原值 500 万元，已提折旧 300 万元，投资各方确认的价值为 300 万元(同公允价值)；B 公司以价值 200 万元的新设备一套和价值 100 万元的一项专利权投资，其价值已被投资各方确认，并已向 XM 公司移交了专利证书等有关凭证；C 公司以货币资金 300 万元投资，已存入 XM 公司的开户银行。

资料二：假定 D 公司有意投资 XM 公司，经与 A、B、C 三方协商，将 XM 公司注册资本增加到 1 200 万元，A、B、C、D 公司四方各占四分之一股权。D 公司需以货币资金出资 400 万元，可取得 25% 的股份。协议签订后，修改了原公司章程，D 公司所出 400 万元已存入 XM 公司的开户银行，并办理了变更登记手续。

（三）公司2×24年10月发生的经济业务如下,请编制相应会计分录(应交税费、原材料列出必要的明细科目)。

1. 1日,购入甲材料25吨,每吨200元,计价款5 000元,增值税税额650元,均已用银行存款支付,材料已验收入库。

2. 5日,购入乙材料40吨,每吨200元,价款8 000元,增值税税额1 040元,款项未付,材料已验收入库。

3. 6日,基本生产车间生产产品领用甲材料2 000元。

4. 12日,销售产品10吨,每吨2 000元,增值税税额2 600元,款项尚未收到。

5. 17日,收到货款22 600元,存入银行。

(四) 公司 2×24 年 11 月发生如下经济业务,请编制相应的会计分录(答案中的金额以元为单位)。

1. 生产产品领用材料 80 000 元,车间耗用材料 4 000 元。

2. 将当月制造费用 8 000 元转入生产成本。

3. 完工产品 50 000 元验收入库。

4. 结转已销售产品成本 30 000 元。

5. 将上述业务所涉及的损益类账户金额转结至本年利润。

（五）公司 2×24 年 12 月发生如下业务，销售单价均为不含增值税价格，增值税税率 13%，请编制相应的会计分录（答案中的金额以元为单位；"应交税费——应交增值税""应收账款""预收账款"科目须写出明细科目，其他科目可不写出明细科目）。

1. 3 日，向乙企业赊销 A 产品 100 件，单价为 40 000 元，增值税税率 13%，单位销售成本为 20 000 元。

2. 15 日，向丙企业销售材料一批，价款为 700 000 元，增值税税率 13%，该材料发出成本为 500 000 元。上月已经预收账款 600 000 元。当日丙企业支付剩余货款。

3. 分配本月工资费用 21 000 元（其中，生产工人工资 15 000 元，车间管理人员工资 6 000 元）。

4. 20 日，收到外单位租用本公司办公用房下一年度租金 300 000 元，款项已收存银行。

5. 结转本月完工产品成本 18 000 元。

（六）期末结账前，公司各损益类科目余额如下表所示。

科目名称	结账前余额/元	
	借方	贷方
主营业务收入		6 000 000
其他业务收入		700 000
公允价值变动损益		150 000
投资收益		600 000
营业外收入		50 000
主营业务成本	4 000 000	
其他业务成本	400 000	
税金及附加	80 000	
销售费用	500 000	
管理费用	770 000	
财务费用	200 000	
信用减值损失	100 000	
营业外支出	250 000	

（假设企业所得税税率为25%，无纳税调整事项）

要求：

(1) 计算所得税费用。

(2) 结转收入、利得类科目。

(3) 结转各项费用、损失类科目。

(4) 结转本年利润。

综合练习(五)

HF 公司主要经营针纺织品、服装制造和纺织原料销售业务,为增值税一般纳税人,增值税税率13%,运费不考虑进项税额。

公司 12 月份发生如下经济业务,请编制相应的会计分录(应交税费列出必要明细科目)。

1. 从银行取得期限为半年的贷款 120 000 元,存入银行。

2. 购入甲材料一批,价款 80 000 元,增值税 10 400 元,款项暂欠。

3. 用银行存款购入甲材料 10 000 元,支付运杂费 2 500 元,取得增值税普通发票。

4. 甲材料验收入库,结转其采购成本。

5. 偿还前欠某单位货款 50 000 元,已从银行划款。

6. 采购员张某出差,预借差旅费 4 000 元,以现金支票支付。

7. 销售一批纺织品,售价 300 000 元,增值税税率为 13%,款项已收存银行。

8. 从银行提取现金 50 000 元,发放职工工资,其中生产工人工资 35 000 元,车间管理人员工资 9 500 元,厂部管理人员工资 5 500 元。

9. 以银行存款支付办公用品费用 1 000 元。

10. 用银行存款支付管理部门修理费用 12 000 元。

11. 销售产品一批,售价 400 000 元,增值税税率为 13%,款项尚未收到。

12. 用现金支付广告费用 500 元。

13. 仓库报来发料汇总表,其中生产产品领用 260 000 元,车间领用 25 000 元,厂部领用 15 000 元,共计 300 000 元。

14. 以现金报销业务招待费 300 元。

15. 预提本月借款利息 3 000 元。

16. 以银行存款支付上月暂欠的水电费 20 000 元。

17. 根据期初固定资产账面价值计提折旧 10 000 元,其中生产部门 8 000 元,厂部 2 000 元。

18. 采购员出差回来,报销差旅费 3 750 元,余额交回。

19. 结转本月制造费用。

20. 结转本月完工纺织品成本 580 000 元。

21. 结转本月销售纺织品的成本 525 000 元。

22. 计算本月应当交纳的税金及附加 500 元。

23. 按利润总额的 25% 计算本月应交所得税,并结转净利润。(12 月初"本年利润"账户余额为 1 412.50 元)

综合练习(六)

一、M公司为增值税一般纳税人,某月发生部分经济业务如下,请编制会计分录(生产成本、应交税费、原材料、其他应收款、库存商品列出必要明细科目)。

1. 购入材料一批,货款 18 000 元,增值税税率 13%,另有外地运杂费 700 元,均已通过银行付清,材料未验收入库。

2. 用转账支票购买办公用品一批,共计 600 元。

3. 上述材料已验收入库,按实际采购成本转账。

4. 生产车间为制造 A 产品领用甲材料 6 000 元,为制造 B 产品领用乙材料 8 000 元,管理部门一般耗用乙材料 2 000 元。

5. 车间报销办公用品费 300 元,公司报销办公用品费 500 元,均以现金付讫。

6. 职工刘芳出差借款 3 000 元,以现金付讫。

7. 收到国家投资新机器一台,原价 32 000 元。(不考虑增值税)

8. 收到某购货单位支付的违约金 300 元,存入银行。

9. 刘芳报销差旅费 1 500 元,余款退回现金。

10. 从银行取得期限为 6 个月、年利率为 9% 的借款 50 000 元,存入银行。

11. 结算本月应付职工工资 100 000 元,其中生产 A 产品的工人工资 40 000 元,生产 B 产品的工人工资 30 000 元,车间管理人员工资 10 000 元,企业管理人员工资 20 000 元。

12. 按规定计提固定资产折旧,其中生产车间设备折旧费 3 300 元,管理部门办公设备折旧费 1 200 元。

13. 以现金支付职工医药费 3 120 元。

14. 从银行提取现金 800 元备用。

15. 预提本月银行借款利息 3 000 元。

16. 收回其他单位欠款 2 800 元存入银行。

17. 将无法偿还的应付账款 30 000 元予以转销。

18. 从银行存款中提取现金 100 000 元,准备支付工资。

19. 以银行存款支付本月水电费 2 400 元,其中车间耗用 2 000 元,管理部门耗用 400 元。

20. 发放上月工资 100 000 元。

21. 将款 30 000 元转入证券账户中,准备购买股票。

22. 购入股票 10 000 元,作为交易性金融资产。

23. 为了准备购买办公用房,预付定金 20 000 元。

24. 厂长报销外出用餐费 500 元,以现金支付。

25. 收到甲公司的预付款 100 000 元,存入银行。

26. 计提应收账款的减值准备 1 200 元。

27. 以银行存款支付下一年度的房租 12 000 元。

28. 结转本月发生的制造费用 15 000 元。其中 A 产品应负担 9 000 元,B 产品应负担 6 000 元。

29. 甲产品完工入库,结转实际生产成本 30 000 元。

30. 销售 A 材料 20 000 元,增值税税率为 13%,价税款存入银行。

31. 用银行存款 1 000 元支付销售 A 产品广告费。

32. 结转销售材料成本 18 000 元。

33. 通过银行转账,归还银行的临时借款 20 000 元。

34. 销售产品一批,货款 100 000 元,增值税税率 13%,款项已存入银行。

35. 企业购入新设备一台,价款 86 500 元,增值税税额 11 245 元,以银行存款支付。

36. 结转已销产品的实际生产成本 80 000 元。

37. 计算应纳城市维护建设税 1 200 元。

38. 开出转账支票,以银行存款缴纳企业所得税 18 000 元。

39. 将本月发生的费用转入"本年利润"账户。

40. 将本月实现的收入转入"本年利润"账户。

二、根据 M 公司下列资料计算并编制相应会计分录,并列出必要的明细科目。

1. 购入甲材料 2 000 千克,单价 9 元;乙材料 1 200 千克,单价 4 元。增值税税额 2 964 元,价税款未付。

2. 以银行存款 3 200 元支付甲、乙材料外地运费,按重量分配。(运费不考虑增值税)

3. 企业购买一台不需安装的车床,买价 24 000 元,运费 1 000 元,款项暂未支付,增值税税率 13%,设备已交付使用。(运费不考虑增值税)

4. 甲、乙材料验收入库。

5. 本月发生制造费用 30 000 元,按生产工时(A 产品 6 000 工时、B 产品 4 000 工时)分配计入 A、B 产品成本。

三、计算题(答案中的金额单位用元表示)。

M 公司 2×24 年 9 月生产 A、B 两种产品,生产工时分别为 2 400 小时和 1 800 小时,本月生产工人职工薪酬为 117 306 元,制造费用为 34 650 元。A 产品当月投产 60 件,当月全部完工,没有月初和月末在产品,耗用材料费 94 800 元。B 产品全部未完工。

要求:

(1) 计算制造费用的分配率。

(2) 编制分配制造费用的分录。

(3) 指出月末在产品成本的余额在哪个科目中。

(4) 计算 A 产品的总成本。

(5) 计算 A 产品的单位成本。

综合练习(七)

X公司下设有子公司华方公司,其主要产品为A产品、B产品,期初无在产品,存货发出采用先进先出法。

请根据以下资料编制相应的会计分录(生产成本、应交税费、利润分配列出必要明细科目)。

1. 收到立远公司发运来的一批材料,该批材料的买价35 000元,运费900元,增值税税额4 550元。上月预付购货款15 000元,现将剩余款项以银行存款付清。(运费不考虑增值税)

2. 向光华公司销售A产品150件,单位售价120元,价款共计18 000元,增值税税额2 340元,另以银行存款支付代垫运费1 000元。产品已发出,但货款等各种款项均尚未收到。

3. 购进材料,价款为30 000元,增值税税率13%,款项尚未支付;运费4 000元,运费增值税税率9%,以银行存款支付运费。

4. 将半年前购入的债券20 000元以22 000元的价格出售,款项存入银行。

5. 计算职工工资,生产工人工资 70 000 元,其中生产 A 产品工人工资 20 000 元,生产 B 产品工人工资 50 000 元;车间管理人员工资 20 340 元;厂部管理人员工资 11 000 元。

6. 分配职工福利费,A 产品、B 产品、车间管理和厂部管理部门福利费分别为 2 800 元、7 000 元、2 847.60 元和 1 540 元。

7. 以存款支付厂部办公用品费用 2 000 元,全部计入当期损益。

8. 仓库发出一批材料,具体情况如下表所示。

用途	生产产品耗用/元			
	A 产品	B 产品	车间一般消耗	合计
甲材料	50 000	10 000	2 000	62 000
乙材料	20 000	18 000	1 000	39 000
丙材料	—	—	4 000	4 000
合 计	70 000	28 000	7 000	105 000

9. 以银行存款支付上月暂欠的水电费 40 000 元。

10. 根据期初固定资产账面价值计提折旧,折旧总额为 15 000 元,其中生产部门占 80%,厂部占 20%。

11. 采购员出差回来,报销差旅费 7 500 元,上月预借 8 000 元。

12. 公司一笔应付款 100 000 元,因对方公司破产而无法支付。

13. 月末按应收账款 100 000 元的 2% 计提坏账准备 2 000 元。

14. 出售一台旧设备,收到价款 13 500 元已存入银行,该设备原始价值 50 000 元,已提折旧 30 000 元。(出售时不考虑增值税)

15. 上月已入账的盘亏材料 15 000 元,现已查明原因,并做出处理决定:有 1 500 元由仓库保管人员赔偿;8 000 元系非常损失,列作营业外支出;其余系管理不善造成,列作管理费用。

16. 管理部门租用办公楼一幢,租期 6 个月,以银行存款支付全部租赁费 9 000 元,其中应由本月负担 1 500 元。

17. 在财产清查中发现账外设备一台,重置价值为 10 000 元。

18. 用银行存款支付所欠供货单位货款 6 700 元,原编会计分录为:
借:应付账款   7 600
　　贷:银行存款   7 600
并已登记入账。
用适当的更正错账方法予以更正。

19. 按生产工人工资比例分配结转本月制造费用。

20. 结转本月完工产品成本,A 产品本月全部完工,B 产品期末有在产品 2 000 元。

21. 结转本月销售产品成本(假设没有期初在产品,存货发出采用先进先出法)。本月 A 产品共完工 1 048 件。(单位成本保留整数位)

22. 计提本期应交的消费税 900 元。

23. 结转本月实现利润。

24. 按利润总额的 25% 计算本月应交所得税,并结转所得税。

25. 年终结转净利润,按年税后利润的 10% 提取盈余公积金。

综合练习(八)

G公司主要从事高新技术产品的投资、开发、生产等,增值税税率13%,企业所得税税率25%,消费税税率5%。

请根据下述资料编制相应的会计分录(存货类、债权债务类、成本类、利润分配等列出必要明细科目)。

该公司2×24年3月1日总分类部分账户期初余额表如下:

会计科目	期初借方余额/元	期初贷方余额/元
库存现金	2 000	
银行存款	680 000	
应收账款	200 000	
生产成本	64 000	
应交税费		56 000
其他应付款		530 000
利润分配		10 000

该公司2×24年3月发生下列经济业务:

1. 3月2日,从立信公司购入A材料3 471.08千克,单价242元,价款为840 000元,注明的增值税税额为109 200元,材料已验收入库,货款尚未支付。

2. 3月3日,从洋明公司购入B材料1 000千克,价款400 000元,增值税税额为52 000元,材料已验收入库,货款已从存款户支付。

3. 3月5日,生产车间生产甲产品领用A材料2 500千克,计605 000元。

4. 3月6日,生产车间生产甲产品领用B材料5 000千克,计201 000元。

5. 3月8日,行政管理部门购买办公用品350元,取得普通发票,以库存现金付讫,购入后随即被领用。

6. 3月10日,销售甲产品一批100件给丙客户,金额为100 000元,增值税税额为13 000元,货款已收存银行。

7. 3月13日,支付车间产品设计图纸费15 000元,以银行存款支付。

8. 3月15日,向耐用公司购买劳保用品6 000元,取得普通发票,开出现金支票支付。

9. 3月16日,生产车间领用劳保用品4 000元(采用一次摊销法)。

10. 3月18日,支付产品广告费10 000元,以银行存款支付。

11. 3月20日,销售甲产品500件给甲客户,价款计500 000元,增值税税额为65 000元,货款尚未收到。

12. 3月21日,从银行提取库存现金2 000元,以备日常开销。

13. 3月22日,销售甲产品800件给乙客户,价款计800 000元,增值税税额为104 000元,货款已收存银行。

14. 3月22日,以库存现金支付交际应酬费850元。

15. 3月23日,购入辅助生产用C材料20千克,每千克30元,计600元,增值税税额为78元,以库存现金支付。

16. 3月24日,收到甲客户前欠货款100 000元,已存入银行。

17. 3月25日,开出转账支票支付立信公司货款550 000元,支付洋明公司货款50 000元。

18. 3月26日,上缴本月应交增值税80 000元。

19. 3月27日,生产车间领用C材料10千克,计300元,供一般耗用;管理部门领用C材料5千克,计150元。

20. 3月28日,以银行存款支付销售产品宣传设计费4 500元。

21. 3月31日,计算本月职工工资。其中,生产工人工资114 000元,车间管理人员工资22 800元,行政管理人员工资22 800元,共计159 600元。

22. 3月31日,提取本月折旧计19 200元,其中生产车间16 800元,行政管理部门2 400元。

23. 3月31日,以银行存款支付银行手续费180元。

24. 3月31日,以银行存款支付本月水电费28 000元,其中生产产品耗用26 000元,管理部门耗用2 000元。

25. 3月31日,结转本月制造费用。

26. 3月31日,该公司仅生产的甲产品于本月全部完工,结转本月完工产品成本。

27. 3月31日,结转本月销售产品成本925 000元。

28. 3月31日,将有关收入、费用结转至"本年利润"账户。

29. 假定该公司无纳税调整因素,3月31日,计算本月应纳所得额142 484.1元,并结转至"本年利润"账户,所得税税率25%。(金额保留整数位)

综合练习(九)

甲公司为增值税一般纳税人,增值税税率13%,公司所得税税率25%。

(一)请根据公司下述经济业务编制相应会计分录。

1. 以现金 800 元购买办公用品,其中车间用办公用品 500 元,行政部门用 300 元。

2. 公司以转账支票支付所欠购原材料款 18 000 元。

3. 公司职工刘某预支差旅费 8 000 元,财会部门以现金支付。

4. 公司购入原材料一批,价值 20 000 元,合同约定货款于 3 个月后支付,原材料已经验收入库,取得增值税专用发票。

5. 公司应支付其销售部职工工资 200 000 元,社会保险费 40 000 元。

6. 公司购入不需要安装设备一台,买价 40 000 元,增值税税额 5 200 元,另支付运杂费 1 200 元,保险费 600 元。

7. 公司计提本月应承担的生产周转借款利息 1 000 元。

8. 以银行存款偿还到期的短期借款 5 000 元,同时支付本期借款利息 300 元。

9. 公司因生产经营需要,向银行借入 3 年期、年利率为 6%、到期一次还本付息的借款 1 000 000 元,会计部门按规定在每季度末计提借款利息,计提本季度利息。

10. 年终决算时,"本年利润"账户在结转前为贷方余额 32 560 元。

(二) 2×24 年 1 月 5 日,公司开出一张面值为 800 000 元,期限为 2 个月的不带息银行承兑汇票,用于支付材料款。公司已向银行支付承兑手续费 100 元。3 月 5 日,公司无力支付票款。请编制付款、付手续费和无款支付的会计分录。

(三) 公司租入办公楼,支付 5 个月租金 90 000 元,请编制公司付款和每月摊销时应做的会计分录。

(四) 公司基本生产车间月初在产品成本为 2 000 元,本月耗用材料 40 000 元,生产工人工资等职工薪酬 8 000 元,该车间管理人员工资等职工薪酬 4 000 元,车间水电等费用 4 000 元,月末在产品生产成本 4 400 元。请编制费用分配和产品入库的会计分录。

(五) 公司 3 月份发生的费用有:计提车间用固定资产折旧 600 000 元,发生车间管理人员工资 600 000 元,支付广告费 800 000 元,计算当期短期借款利息 400 000 元,支付行政人员工资 200 000 元。要求:(1) 编制相关会计分录;(2) 计算公司当期的期间费用。

（六）公司销售给乙公司 A 产品一批，销售价款为 150 000 元，增值税税额 19 500 元，甲公司规定现金折扣的条件为"1/10,N/30"。请编制销售和在第 15 天收款时的会计分录。

（七）公司盘点中发现盘亏一台设备，原始价值 50 000 元，已计提折旧 10 000 元。根据事先签订的保险合同，保险公司应赔偿 30 000 元，则扣除保险公司赔偿后剩余的净损失为 10 000 元。请编制相应的会计分录。

（八）公司一台机器使用期满决定报废，该机器原价为 500 000 元，已计提折旧 470 000 元，已计提减值准备 15 000 元，在清理过程中支付清理费用 2 000 元，残料变卖收入 20 000 元，不考虑相关税费。请编制与固定资产报废相关的会计分录。

（九）12月31日，公司实现的主营业务收入为100 000元，主营业务成本为46 000元，税金及附加10 500元，其他业务收入2 500元，其他业务成本1 800元，管理费用11 000元，财务费用400元，销售费用1 000元，营业外收入5 000元，营业外支出2 000元。请结转损益类科目，计算公司12月份的营业利润，然后编制相应的会计分录。

（十）甲公司的子公司乙为增值税小规模纳税人（增值税扣除率为3%），5月20日乙购入材料一批，取得专用发票中注明货款为10 000元，增值税1 300元，支付运费200元，货款已付，材料验收入库。21日，乙将自己生产的产品销售给信诚公司，开具普通发票10 300元，采用托收承付结算方式，办理托收手续。请为乙公司编制相应的会计分录。

综合练习(十)

G公司主要从事设计、制造和销售各类半导体芯片,各类二级管、三级管,生产加工汽车整流器、汽车电器部件、大电流硅整流矫堆及高压硅堆业务。公司为增值税一般纳税人,增值税税率13%。

(一)公司销售给M公司甲产品一批,价款为50 000元(不含税),公司在该价款的基础上给予M公司10%的商业折扣(售价减让10%),收到银行汇票,产品成本为30 000元。请编制相应会计分录。

(二)支付公司管理部门半年(含本月)修理费12 000元,支付生产车间本月保险费30 000元。请编制相应会计分录。

（三）公司8月发生的经济业务及登记的总分类账和明细分类账如下，请编制相应会计分录，完成下表的编制。

原材料明细分类账

明细科目：甲材料　　　　　　　　　　　　　　　　　　数量单位：千克

2×24年		凭证编号	摘要	收入			发出			结存		
月	日			数量	单价	金额	数量	单价	金额	数量	单价	金额
8	1		月初余额							400	17	6 800
	4	（略）	购入材料	1 000	17	（1）				1 400	17	23 800
	8		购入材料	2 000	17	34 000				（2）	17	（3）
	13		领用材料				1 400	17	23 800	2 000	17	34 000
	31		合计	3 000	17	51 000	（4）	17	（5）	2 000	17	34 000

1. 4日，向A企业购入甲材料1 000千克，单价17元，价款17 000元；购入乙材料2 500千克，单价9元，价款22 500元。货物已验收入库，款项尚未支付，增值税税率13%。

2. 8日，向B企业购入甲材料2 000千克，单价17元，价款34 000元，货物已验收入库，款项尚未支付。（增值税税率13%）

3. 13日，生产车间为生产产品领用材料，其中领用甲材料1 400千克，单价17元，价值23 800元；领用乙材料3 000千克，单价9元，价值27 000元。

4. 23日,向A企业偿还前欠款额20 000元,向B企业偿还前欠货款40 000元,用银行存款支付。

5. 26日,向A企业购入乙材料1 600千克,单价9元,价税款16 272元已用银行存款支付,货物同时验收入库。

(四) 公司12月份发生的部分经济业务如下(金额单位元),请编制相应会计分录(列出必要的明细科目)。

1. 本月制造费用总额25 200元,其中甲产品生产工时4 000小时,乙产品生产工时2 300小时,按工时比例分配制造费用。

2. 本月甲、乙两种产品耗用的材料及人工费如下表所示:

成本项目	甲产品/元	乙产品/元
直接材料	42 000	13 000
直接人工	14 000	4 500

甲、乙两种产品均无期初在产品,甲产品3 000件全部完工,乙产品月末在产品成本为2 700元,乙产品本月完工2 000件,甲、乙完工产品全部验收入库。

3. 本月向外销售甲产品 2 000 件,每件售价 40 元;乙产品 1 500 件,每件售价 35 元,货款总计 132 500 元,应收销项税额计 17 225 元,扣除合同负债 140 000 元后由购货方补付货款及增值税款计 9 725 元,存入银行。

4. 结转本月已销产品的销售成本(按本月单位生产成本计算)。

5. 本月管理费用 16 000 元,财务费用 400 元,销售费用 2 000 元,税金及附加 650 元,按 25% 的所得税税率计算所得税(假设不存在纳税调整项目)。

综合练习(十一)

M公司主要从事商标经营等,为增值税一般纳税人。

(一)公司12月份发生如下业务,请编制相应会计分录(应交税费列出必要的明细科目。金额单位:元)。

1. 销售商品一批,货款为100 000元,增值税税额13 000元,成本为80 000元。收到商业汇票一张。

2. 销售商品一批,价款为20 000元,增值税税额2 600元,成本为18 000元。委托银行收款,款项已经收到。

3. 销售材料一批,价款为10 000元,增值税税额1 300元,成本为8 000元,款项尚未收到。

4. 银行代为支付税款滞纳金2 000元。

5. 根据资信情况,对业务3中应收账款按5%计提坏账准备。

(二) 公司财务人员对账时,发现在会计处理中的部分账务处理如下,请判断是否正确,如有错误,请根据资料业务写出正确的分录。

1. 向生化公司购材料,用银行存款预付价款 40 000 元,编制的会计分录为:
借: 应付账款　　　　　　　　　　　　　　　　　　40 000
　　贷: 银行存款　　　　　　　　　　　　　　　　　　40 000

2. 开出转账支票支付在建固定资产的工程款 60 000 元,编制的会计分录为:
借: 固定资产　　　　　　　　　　　　　　　　　　60 000
　　贷: 库存现金　　　　　　　　　　　　　　　　　　60 000

3. 用现金支付职工困难补助 7 000 元,编制的会计分录为:
借: 管理费用　　　　　　　　　　　　　　　　　　7 000
　　贷: 库存现金　　　　　　　　　　　　　　　　　　7 000

4. 计提车间固定资产折旧 5 400 元,编制的会计分录为:
借: 制造费用　　　　　　　　　　　　　　　　　　54 000
　　贷: 累计折旧　　　　　　　　　　　　　　　　　　54 000

5. 用现金发放职工工资 60 000 元,编制的会计分录为:
借: 应付职工薪酬　　　　　　　　　　　　　　　　6 000
　　贷: 库存现金　　　　　　　　　　　　　　　　　　6 000

（三）公司 12 月末结账前的余额试算表如下：

结算前余额试算表

12 月 31 日　　　　　　　　　　　　　　　　　单位：元

账户名称	借方余额	贷方余额
库存现金	500	
银行存款	85 000	
应收账款	45 500	
库存商品	170 000	
固定资产	200 000	
累计折旧		5 000
短期借款		20 000
应付账款		50 000
实收资本		200 000
盈余公积		2 000
利润分配		8 000
本年利润		40 000
主营业务收入		206 000
销售费用	10 000	
管理费用	20 000	
合计	531 000	531 000

月末，公司的会计人员对以下经济事项进行了结账处理，请根据下述资料编制相应会计分录，并结合结算前余额试算表完成 12 月份结账后试算平衡表的编制。

（1）计提本月办公用固定资产折旧 1 000 元。

（2）结转本月已售商品成本，共计 100 000 元。

（3）结转本月的损益类账户至"本年利润"账户。

(4) 按 25% 的所得税税率计算本月应交所得税。

(5) 将本月所得税结转至"本年利润"账户。

(6) 结转"本年利润"账户。

结账后余额试算表

12 月 31 日　　　　　　　　　　　　　　　　　单位:元

账户名称	借方余额	贷方余额
库存现金	500	
银行存款	85 000	
应收账款	（　　）	
库存商品	（　　）	
固定资产	200 000	
累计折旧		6 000
短期借款		20 000
应付账款		50 000
应交税费		（　　）
实收资本		200 000
盈余公积		2 000
利润分配		（　　）
合　计		（　　）

（四）公司 1 月份发生下列经济业务，请编制相应会计分录，完成"科目汇总表"中的金额。

1. 1 日，从银行提取现金 1 000 元备用。

2. 2 日，从黄海厂购进材料一批，已验收入库，价款 5 000 元，增值税税额 650 元，款项尚未支付。

3. 2 日，销售给广丰工厂 C 产品一批，价款为 100 000 元，增值税税额 13 000 元，款项尚未收到。

4. 3 日，厂部的张三出差，借支差旅费 500 元，以现金支付。

5. 4 日，车间领用乙材料一批，其中用于 B 产品生产 3 000 元，用于车间一般消耗 500 元。

6. 5 日，销售给吉润公司 D 产品一批，价款为 20 000 元，增值税税额 2 600 元，款项尚未收到。

7. 5 日，从华东公司购进丙材料一批，价款 8 000 元，增值税税额 1 040 元，材料已运达企业但尚未验收入库，款项尚未支付。

8. 7日,接到银行通知,收到广丰工厂前欠货款 113 000元,已经办妥入账。

9. 8日,通过银行转账支付5日所欠华东公司的购料款 9 040元。

10. 10日,购入电脑一台,增值税专用发票上价款 8 000元,增值税税额 1 040元,签发一张转账支票支付。

科目汇总表

1月1日至10日　　　　　　　　　　　　　　　　单位:元

会计科目	借方发生额	贷方发生额
库存现金	1 000	500
银行存款	113 000	(　　)
应收账款	(　　)	113 000
原材料	5 000	3 500
在途物资	8 000	
生产成本	3 000	
其他应收款	500	
固定资产	8 000	
主营业务收入		(　　)
制造费用	500	
应交税费	(　　)	15 600
应付账款	9 040	(　　)
合　计	286 370	286 370

参 考 答 案

项目一　货币资金

Ⅰ 基础题

1. 借：库存现金　　　8 000
     贷：银行存款　　　　8 000
2. 借：银行存款　　　20 000
     贷：库存现金　　　　20 000
3. 借：银行存款　　　300 000
     贷：短期借款　　　　300 000
4. 借：长期借款　　　42 100
     贷：银行存款　　　　42 100
5. 借：长期借款　　　60 000
        短期借款　　　40 000
     贷：银行存款　　　　100 000
6. 借：银行存款　　　35 000
     贷：应收账款　　　　35 000
7. 借：应付账款　　　32 000
     贷：银行存款　　　　32 000
8. 借：应付账款　　　6 000
     贷：银行存款　　　　6 000
9. 借：银行存款　　　23 400
     贷：应收账款　　　　23 400
10. 借：应付职工薪酬　72 000
      贷：银行存款　　　　72 000
11. 借：银行存款　　　100 000
      贷：实收资本　　　　100 000
12. 借：银行存款　　　90 000
      贷：合同负债　　　　90 000
13. 借：银行存款　　　25 000
      贷：合同负债　　　　25 000
14. 借：销售费用　　　30 000
      贷：银行存款　　　　30 000
15. 借：管理费用　　　500
      贷：库存现金　　　　500
16. 借：销售费用　　　500
      贷：库存现金　　　　500
17. 借：管理费用　　　2 000
      贷：银行存款　　　　2 000
18. 借：营业外支出　　20 000
      贷：银行存款　　　　20 000
19. 借：库存现金　　　200
      贷：营业外收入　　　200
20. 借：应交税费　　　2 300
      贷：银行存款　　　　2 300

Ⅱ 巩固题

1. 借：银行存款　　　300 000
     贷：短期借款　　　　300 000
2. 借：预付账款　　　50 000
     贷：银行存款　　　　50 000
3. 借：库存现金　　　80 000
     贷：银行存款　　　　80 000
   借：应付职工薪酬　80 000
     贷：库存现金　　　　80 000
4. 借：其他应收款　　1 000
     贷：库存现金　　　　1 000
5. 借：制造费用　　　1 600
        管理费用　　　800
     贷：银行存款　　　　2 400

6. 借：应付票据　　　16 000
　　贷：银行存款　　　16 000
7. 借：财务费用　　　3 100
　　贷：银行存款　　　3 100
8. 借：管理费用　　　910
　　贷：库存现金　　　910
9. 借：库存现金　　　1 000
　　贷：其他应收款　　　1 000
10. 借：银行存款　　　56 500
　　贷：主营业务收入　　　50 000
　　　　应交税费——应交增值税（销项税额）　　　6 500
11. 借：营业外支出　　　5 000
　　贷：银行存款　　　5 000
12. 借：银行存款　　　10 000
　　贷：实收资本　　　10 000
13. 借：营业外支出　　　20 000
　　贷：银行存款　　　20 000
14. 借：库存现金　　　1 000
　　贷：银行存款　　　1 000
15. 借：应交税费　　　12 000
　　贷：银行存款　　　12 000
16. 借：销售费用　　　20 000
　　贷：银行存款　　　20 000
17. 借：银行存款　　　1 800
　　贷：应收账款　　　1 800

库存现金	
期初余额　5 000	
发生额	发生额
(3) 80 000	(3) 80 000
(9) 1 000	(4) 1 000
(14) 1 000	(8) 910
期末余额　5 090	

银行存款	
期初余额　100 000	
发生额	发生额
(1) 300 000	(2) 50 000
(10) 56 500	(3) 80 000
(12) 10 000	(5) 2 400
(17) 1 800	(6) 16 000
	(7) 3 100
	(11) 5 000
	(13) 20 000
	(14) 1 000
	(15) 12 000
	(16) 20 000
期末余额　258 800	

Ⅲ 提升题

1. 借：银行存款　　　100 000
　　贷：短期借款　　　100 000
2. 借：银行存款　　　60 000
　　贷：应收账款　　　30 000
　　　　合同负债　　　30 000
3. 借：应付职工薪酬　　　80 000
　　贷：银行存款　　　80 000
4. 借：其他应收款　　　1 200
　　贷：银行存款　　　1 200

5. 借：原材料 10 000
    应交税费——应交增值税(进项税额) 1 300
   贷：银行存款 11 300
6. 借：固定资产 30 000
    应交税费——应交增值税(进项税额) 3 900
   贷：银行存款 33 900
7. 借：应付利息 2 200
    财务费用 1 100
   贷：银行存款 3 300
8. 借：制造费用 910
    库存现金 290
   贷：其他应收款 1 200
9. 借：预付账款 10 000
   贷：银行存款 10 000
10. 借：银行存款 56 500
    贷：主营业务收入 50 000
      应交税费——应交增值税(销项税额) 6 500
11. 借：其他货币资金 20 000
    贷：银行存款 20 000
12. 借：银行存款 110 000
    贷：实收资本 100 000
      资本公积 10 000
13. 借：银行存款 4 520
    贷：其他业务收入 4 000
      应交税费——应交增值税(销项税额) 520
14. 借：固定资产 25 000
    应交税费——应交增值税(进项税额) 3 120
   贷：银行存款 28 120
15. 借：应付股利 34 000
   贷：银行存款 34 000
16. 借：银行存款 22 600
    贷：主营业务收入 20 000
      应交税费——应交增值税(销项税额) 2 600
17. 借：银行存款 150 000
   贷：长期借款 150 000
18. 借：制造费用 3 000
    管理费用 5 000
   贷：银行存款 8 000

发生额试算平衡表

科目	借方发生额	贷方发生额
库存现金	290	
银行存款	503 620	229 820
其他货币资金	20 000	
应收账款		30 000
合同负债		30 000
其他应收款	1 200	1 200
预付账款	10 000	
原材料	10 000	
制造费用	3 910	
固定资产	55 000	
短期借款		100 000
长期借款		150 000
应付职工薪酬	80 000	
应交税费	8 320	9 620
应付利息	2 200	
应付股利	34 000	
资本公积		10 000
实收资本		100 000
财务费用	1 100	
管理费用	5 000	
主营业务收入		70 000
其他业务收入		4 000
合　计	734 640	734 640

项目二　筹资业务

Ⅰ 基础题

（一）

1. 借：固定资产　　　　　　　350 000
　　贷：实收资本——新华公司　350 000

2. 借：银行存款　　　　　　　500 000
　　贷：短期借款　　　　　　　500 000

3. 借：无形资产　　　　　　100 000
　　贷：实收资本——蓝天公司　　100 000
5. 借：银行存款　　　　　　700 000
　　　固定资产　　　　　　800 000
　　贷：实收资本——国家投入　1 500 000
7. 借：长期借款　　　　　　900 000
　　贷：银行存款　　　　　　900 000

4. 借：银行存款　　　　　　800 000
　　贷：长期借款　　　　　　800 000
6. 借：短期借款　　　　　　600 000
　　贷：银行存款　　　　　　600 000

（二）

1. 借：银行存款　　　　　　70 000
　　贷：实收资本——东方公司　　70 000
3. 借：银行存款　　　　　　2 000 000
　　贷：短期借款　　　　　　2 000 000
5. 借：固定资产　　　　　　27 000
　　贷：营业外收入　　　　　　27 000
7. 借：短期借款　　　　　　500 000
　　贷：银行存款　　　　　　500 000

2. 借：固定资产　　　　　　80 000
　　　原材料　　　　　　　100 000
　　贷：实收资本——西方公司　180 000
4. 借：财务费用　　　　　　10 000
　　贷：应付利息　　　　　　10 000
6. 借：资本公积　　　　　　20 000
　　贷：实收资本　　　　　　20 000

（三）

1. 借：银行存款　　　　　　100 000
　　贷：短期借款　　　　　　100 000
3. 借：应付利息　　　　　　1 200
　　　财务费用——利息支出　　600
　　贷：银行存款　　　　　　1 800

2. 借：财务费用——利息支出　600
　　贷：应付利息　　　　　　600
4. 借：财务费用　　　　　　600
　　　短期借款　　　　　　100 000
　　贷：银行存款　　　　　　100 600

Ⅱ 提升题

（一）

A 企业投入　借：银行存款　　　　　　　　　　　　　　2 000 000
　　　　　　　贷：实收资本　　　　　　　　　　　　　　2 000 000
B 企业投入　借：无形资产　　　　　　　　　　　　　　300 000
　　　　　　　贷：实收资本　　　　　　　　　　　　　　300 000
C 企业投入　借：固定资产　　　　　　　　　　　　　　800 000
　　　　　　　应交税费——应交增值税（进项税额）　　104 000
　　　　　　　贷：实收资本　　　　　　　　　　　　　　904 000

（二）

1. 借：银行存款　　　30 000 000
　　贷：实收资本——国家　30 000 000
3. 借：资本公积　　　　700 000
　　贷：实收资本　　　　700 000
5. 借：原材料　　　　　500 000

2. 借：固定资产　　　2 000 000
　　贷：实收资本——A 企业　2 000 000
4. 借：无形资产　　　　300 000
　　贷：实收资本——B 企业　300 000

　　　　应交税费——应交增值税　　　　　　　　　　　　　　65 000
　　　　　贷：实收资本——D 企业　　　　　　　　　　　　　　565 000
　6. 借：银行存款　　　　　　　　　　　　　　　　　　　1 000 000
　　　　　贷：实收资本——个人　　　　　　　　　　　　　1 000 000
（三）
　1. 借：固定资产　　　　　　　　　　　　　　　　　　　　126 000
　　　　　贷：实收资本　　　　　　　　　　　　　　　　　　100 000
　　　　　　　资本公积　　　　　　　　　　　　　　　　　　 26 000
　2. 借：原材料　　　　　　　　　　　　　　　　　　　　　110 000
　　　　应交税费——应交增值税（进项税额）　　　　　　　　 14 300
　　　　　贷：实收资本　　　　　　　　　　　　　　　　　　100 000
　　　　　　　资本公积　　　　　　　　　　　　　　　　　　 24 300
　3. 借：银行存款　　　　　　　　　　　　　　　　　　　　390 000
　　　　　贷：实收资本　　　　　　　　　　　　　　　　　　300 000
　　　　　　　资本公积　　　　　　　　　　　　　　　　　　 90 000

项目三　材料采购与领用

Ⅰ 基础题

　1. 借：在途物资　　　　　　　　　　　　　　　　　　　　　1 000
　　　　　贷：银行存款　　　　　　　　　　　　　　　　　　　1 000
　2. 借：在途物资　　　　　　　　　　　　　　　　　　　　 50 000
　　　　应交税费——应交增值税（进项税额）　　　　　　　　　 6 500
　　　　　贷：银行存款　　　　　　　　　　　　　　　　　　 56 500
　3. 借：在途物资——A 材料　　　　　　　　　　　　　　　　 2 000
　　　　应交税费——应交增值税（进项税额）　　　　　　　　　　 260
　　　　　贷：银行存款　　　　　　　　　　　　　　　　　　　2 260
　4. 借：在途物资——A 材料　　200　　　5. 借：原材料——A 材料　　2 200
　　　　　贷：库存现金　　　　　　200　　　　　贷：在途物资——A 材料　2 200
　6. 借：原材料——B 材料　　　　　　　　　　　　　　　　　　1 000
　　　　　　　——C 材料　　　　　　　　　　　　　　　　　　2 000
　　　　应交税费——应交增值税（进项税额）　　　　　　　　　　 390
　　　　　贷：应付票据　　　　　　　　　　　　　　　　　　　3 390
　7. 借：应付票据　　　　　　　　　　　　　　　　　　　　　3 390
　　　　　贷：银行存款　　　　　　　　　　　　　　　　　　　3 390
　8. 借：在途物资——丙材料　　　　　　　　　　　　　　　　11 400
　　　　应交税费—应交增值税（进项税额）　　　　　　　　　　1 466
　　　　　贷：银行存款　　　　　　　　　　　　　　　　　　 12 866
　9. 借：原材料——丙材料　　　　　　　　　　　　　　　　　11 400

贷：在途物资——丙材料　　　　　　　　　　　　　　　　　　　11 400
10. 借：在途物资——甲材料　　　　　　　　　　　　　　　　　　　10 000
　　　　应交税费——应交增值税（进项税额）　　　　　　　　　　　　1 300
　　　贷：应付账款　　　　　　　　　　　　　　　　　　　　　　　11 300
11. 借：在途物资——乙材料　　　　　　　　　　　　　　　　　　　41 000
　　　　应交税费——应交增值税（进项税额）　　　　　　　　　　　　5 200
　　　贷：银行存款　　　　　　　　　　　　　　　　　　　　　　　46 200
12. 借：在途物资——甲材料　　　　　　　　　　　　　　　　　　　2 000
　　　　　　　　　——乙材料　　　　　　　　　　　　　　　　　　5 000
　　　　应交税费——应交增值税（进项税额）　　　　　　　　　　　　630
　　　贷：银行存款　　　　　　　　　　　　　　　　　　　　　　　7 630
13. 借：应付账款　　　10 000　　　14. 借：原材料——甲　　12 000
　　　贷：银行存款　　　10 000　　　　　贷：在途物资——甲　12 000
15. 借：预付账款　　　　　　　　　　　　　　　　　　　　　　　　20 000
　　　贷：银行存款　　　　　　　　　　　　　　　　　　　　　　　20 000
16. 借：原材料　　　　　　　　　　　　　　　　　　　　　　　　　20 000
　　　　应交税费——应交增值税（进项税额）　　　　　　　　　　　　2 600
　　　贷：预付账款　　　　　　　　　　　　　　　　　　　　　　　22 600
17. 借：预付账款　　　2 600　　　　18. 借：周转材料　　　4 000
　　　贷：银行存款　　　2 600　　　　　　贷：银行存款　　　4 000
19. 借：生产成本　　　22 200
　　　贷：原材料　　　　22 200
20. 借：生产成本——A 产品　　　　　　　　　　　　　　　　　　　49 250
　　　　　　　　　——B 产品　　　　　　　　　　　　　　　　　　46 220
　　　　制造费用　　　　　　　　　　　　　　　　　　　　　　　　2 000
　　　　管理费用　　　　　　　　　　　　　　　　　　　　　　　　3 000
　　　贷：原材料　　　　　　　　　　　　　　　　　　　　　　　　100 470

Ⅱ 巩固题

1. 借：在途物资——甲材料　　　　　　　　　　　　　　　　　　　5 000
　　　应交税费——应交增值税（进项税额）　　　　　　　　　　　　　650
　　贷：银行存款　　　　　　　　　　　　　　　　　　　　　　　　5 650
2. 借：原材料——乙材料　　　　　　　　　　　　　　　　　　　　80 200
　　　应交税费——应交增值税（进项税额）　　　　　　　　　　　　　10 400
　　贷：应付账款　　　　　　　　　　　　　　　　　　　　　　　　90 600
3. 借：原材料——丙材料　　40 000　　4. 借：管理费用　　　500
　　贷：在途物资——丙材料　40 000　　　　贷：库存现金　　　500
5. 借：在途物资——A 材料　　　　　　　　　　　　　　　　　　　　7 200
　　　　　　　　　——B 材料　　　　　　　　　　　　　　　　　　6 000

　　　　应交税费——应交增值税(进项税额)　　　　　　　　　　1 716
　　　　贷：应付账款　　　　　　　　　　　　　　　　　　　14 916
6. 分配率=2 106/(7 200+6 000)=0.16
　　A材料分配的运杂费=7 200×0.16=1 152(元)
　　B材料分配的运杂费=2 106-1 152=954(元)
　　借：在途物资——A材料　　　　　　　　　　　　　　　1 152
　　　　　在途物资——B材料　　　　　　　　　　　　　　　954
　　　　贷：银行存款　　　　　　　　　　　　　　　　　　　2 106
7. 借：原材料——A材料　　　　　　　　　　　8 352(7 200+1 152)
　　　　　　　——B材料　　　　　　　　　　　6 954(6 000+954)
　　　　贷：在途物资——A材料　　　　　　　　　　　　　　8 352
　　　　　　在途物资——B材料　　　　　　　　　　　　　　6 954
8. 借：应付账款　　　　　　　　　　　　　　　　　　　　14 916
　　　　贷：银行存款　　　　　　　　　　　　　　　　　　14 916
9. 借：在途物资——A材料　　　　　　　　　　　　　　　　9 800
　　　　　应交税费——应交增值税(进项税额)　　　　　　　　1 274
　　　　贷：应付票据　　　　　　　　　　　　　　　　　　11 074
10. 借：原材料——A材料　　　　　　　　　　　　　　　　9 800
　　　　贷：在途物资——A材料　　　　　　　　　　　　　　9 800
11. 借：原材料——B材料　　　　　　　　　3 300　(200×16+100)
　　　　　应交税费——应交增值税(进项税额)　　416　(3 200×13%)
　　　　贷：银行存款　　　　　　　　　　　　　　　　　　　3 716
12. 借：预付账款　　　　　　　　　　　　　　　　　　　　2 000
　　　　贷：银行存款　　　　　　　　　　　　　　　　　　　2 000
13. 借：原材料——C材料　　　　　　　　　　　　　　　　3 000
　　　　　应交税费——应交增值税(进项税额)　　　　　　　　　390
　　　　贷：预付账款　　　　　　　　　　　　　　　　　　　2 000
　　　　　　银行存款　　　　　　　　　　　　　　　　　　　1 390
14. 借：生产成本——甲产品　　　23 450　　　15. 借：制造费用　　6 000
　　　　生产成本——乙产品　　　15 400　　　　　　管理费用　　4 000
　　　　制造费用　　　　　　　　 5 720　　　　　　贷：周转材料　10 000
　　　　管理费用　　　　　　　　 1 100
　　　　贷：原材料　　　　　　　45 670

Ⅲ 提升题

(一)

1. 借：在途物资——甲材料　　　　　　　　　　　　　　　48 000
　　　　应交税费——应交增值税(进项税额)　　　　　　　　　6 240
　　　贷：应付账款　　　　　　　　　　　　　　　　　　　54 240

2. 借：在途物资——甲材料　　　　　　　　　　　　　　2 722
　　贷：银行存款　　　　　　　　　　　　　　　　　　　　　2 722
3. 借：在途物资——乙材料　　　　　　　　　　　　　　72 000
　　　应交税费——应交增值税（进项税额）　　　　　　9 360
　　贷：银行存款　　　　　　　　　　　　　　　　　　　　　81 360
4. 借：在途物资——丙材料　　　　　　　　　　　　　　22 400
　　　　　　　　——丁材料　　　　　　　　　　　　　　50 000
　　　应交税费——应交增值税（进项税额）　　　　　　9 412
　　贷：银行存款　　　　　　　　　　　　　　　　　　　　　81 812
5. 借：在途物资——乙材料　1 188
　　　在途物资——丙材料　　462　　　　　　6. 借：预付账款　　10 000
　　　在途物资——丁材料　1 650　　　　　　　　贷：银行存款　　　　10 000
　　贷：应付账款　　　　　　3 300
7. 借：原材料——A材料　　　　　　　　　　　　　　　100 000
　　　应交税费——应交增值税（进项税额）　　　　　　13 000
　　贷：银行存款　　　　　　　　　　　　　　　　　　　　　13 000
　　　　预付账款　　　　　　　　　　　　　　　　　　　　　100 000
8. 借：原材料——甲材料　　　　　　　　　　　　　　　50 722
　　　　　　　——乙材料　　　　　　　　　　　　　　　73 188
　　　　　　　——丙材料　　　　　　　　　　　　　　　22 862
　　　　　　　——丁材料　　　　　　　　　　　　　　　51 650
　　贷：在途物资——甲材料　　　　　　　　　　　　　　　　50 722
　　　　　　　　——乙材料　　　　　　　　　　　　　　　　73 188
　　　　　　　　——丙材料　　　　　　　　　　　　　　　　22 862
　　　　　　　　——丁材料　　　　　　　　　　　　　　　　51 650

（二）

T形账户：

在途物资——甲材料	
期初余额：0	
（1）1 300	
（2）100	（2）1 400
（4）5 750	
（5）250	（5）6 000
期末余额：0	

原材料	
期初余额：4 000	
（2）9 900	
（3）10 000	
（5）12 300	
（6）4 800	
期末余额：41 000	

在途物资——乙材料	
期初余额：0	
(1) 3 000 (2) 500 (4) 5 850 (5) 450	(2) 3 500 (5) 6 300
期末余额：0	

在途物资	
期初余额：0	
(1) 8 300 (2) 1 600 (4) 11 600 (5) 700	(2) 9 900 (5) 12 300
期末余额：0	

在途物资——丙材料	
期初余额：0	
(1) 4 000 (2) 1 000	(2) 5 000
期末余额：0	

会计分录：

1. 借：在途物资——甲材料　　　　　　　　　　　　　　　1 300
　　　　　　　——乙材料　　　　　　　　　　　　　　　3 000
　　　　　　　——丙材料　　　　　　　　　　　　　　　4 000
　　　应交税费——应交增值税（进项税额）　　　　　　1 079
　　贷：银行存款　　　　　　　　　　　　　　　　　　9 379

2. 借：在途物资——甲材料　　100　　　借：原材料——甲材料　　1 400
　　　　　　　——乙材料　　500　　　　　　　　　——乙材料　　3 500
　　　　　　　——丙材料　1 000　　　　　　　　　——丙材料　　5 000
　　贷：库存现金　　　　1 600　　　　贷：在途物资——甲材料　1 400
　　　　　　　　　　　　　　　　　　　　　　　　——乙材料　3 500
　　　　　　　　　　　　　　　　　　　　　　　　——丙材料　5 000

3. 借：原材料——丙材料　　　　　　　　　　　　　　　10 000
　　　应交税费——应交增值税（进项税额）　　　　　　1 260
　　贷：银行存款　　　　　　　　　　　　　　　　　　1 090
　　　　应付账款　　　　　　　　　　　　　　　　　　10 170

4. 借：在途物资——甲材料　　　　　　　　　　　　　　5 750
　　　　　　　——乙材料　　　　　　　　　　　　　　5 850
　　　应交税费——应交增值税（进项税额）　　　　　　1 508
　　贷：应付账款　　　　　　　　　　　　　　　　　　13 108

5. 借：在途物资——甲材料　　　　　　　　　　　　　　250
　　　　　　　——乙材料　　　　　　　　　　　　　　450

  贷：银行存款 700
  借：原材料——甲材料 6 000 (5 750+250)
     ——乙材料 6 300 (5 850+450)
   贷：在途物资——甲材料 6 000
      ——乙材料 6 300
6. 借：原材料——甲材料 4 800
   应交税费——应交增值税(进项税额) 572
   贷：银行存款 5 372

材料采购成本计算表

材料名称	买价/元	采购数量/千克	总成本/元	单位成本/元
甲材料	1 300	100	1 400	14
甲材料	5 750	500	6 000	12
甲材料	4 400	400	4 800	12
乙材料	3 000	500	3 500	7
乙材料	5 850	900	6 300	7
丙材料	4 000	1 000	5 000	5
丙材料	9 000	2 000	10 000	5

(三)

(1) 借：原材料——W材料 2 178 000
   应交税费——应交增值税(进项税额) 280 800
   贷：其他货币资金 2 458 800
(2) 借：银行存款 541 200
   贷：其他货币资金 541 200
(3) 借：原材料 1 634 000
   应交税费——应交增值税(进项税额) 211 900
   贷：应付票据 1 845 900
(4) 借：原材料 14 150 000
   应交税费——应交增值税(进项税额) 1 839 500
   贷：实收资本 15 989 500
(5) 借：生产成本 5 600 000
   制造费用 1 960 000
   管理费用 1 260 000
   贷：原材料——W材料 8 820 000

项目四　固定资产业务

Ⅰ 基础题

(一)

1. 借：固定资产　　　　　　　　　　　　　　　　　　　　100 000
　　　应交税费——应交增值税(进项税额)　　　　　　　　　13 000
　　　贷：银行存款　　　　　　　　　　　　　　　　　　　　113 000
2. 借：固定资产　　　　　　　　　　　　　　　　　　　　120 000
　　　应交税费——应交增值税(进项税额)　　　　　　　　　15 600
　　　贷：银行存款　　　　　　　　　　　　　　　　　　　　135 600
3. 借：固定资产　　　　9 000　　　　　　4. 借：固定资产　　　　20 000
　　　银行存款　　　　11 000　　　　　　　　贷：营业外收入　　　　20 000
　　　贷：实收资本　　20 000
5. 借：制造费用　　　　　　　　　　　　　　　　　　　　7 000
　　　贷：累计折旧　　　　　　　　　　　　　　　　　　　　7 000
6. 借：固定资产　　　　　　　　　　　　　　　　　　　　30 900
　　　应交税费——应交增值税(进项税额)　　　　　　　　　3 936
　　　贷：银行存款　　　　　　　　　　　　　　　　　　　　34 836
7. 借：固定资产　　　　48 000　　　　　　8. 借：制造费用　　　　780
　　　贷：实收资本　　48 000　　　　　　　　　管理费用　　　　420
　　　　　　　　　　　　　　　　　　　　　　　贷：银行存款　　　　1 200

(二)

1. 借：固定资产　　　　　　　　　　　　　　　　　　　　60 000
　　　应交税费——应交增值税(进项税额)　　　　　　　　　7 800
　　　贷：银行存款　　　　　　　　　　　　　　　　　　　　67 800
2. 借：制造费用　　　　23 000　　　　　　3. 借：固定资产　　　　50 000
　　　管理费用　　　　12 000　　　　　　　　贷：实收资本　　　　50 000
　　　贷：累计折旧　　35 000
4. 借：固定资产　　　　　　　　　　　　　　　　　　　　53 350
　　　应交税费——应交增值税(进项税额)　　　　　　　　　6 500
　　　贷：银行存款　　　　　　　　　　　　　　　　　　　　59 850
5. 借：固定资产　　　　700 000　　　　　　6. 借：制造费用　　　　10 000
　　　贷：实收资本　　700 000　　　　　　　　贷：银行存款　　　　10 000
7. 借：固定资产　　　　120 000
　　　贷：以前年度损益调整　　120 000

Ⅱ 巩固题

（一）

1. 借：固定资产　　　　　　　　　　　　　　　　　　　60 000
　　　应交税费——应交增值税（进项税额）　　　　　　　7 800
　　贷：银行存款　　　　　　　　　　　　　　　　　　　　　67 800
2. 借：固定资产　　　　　　　　　　　　　　　　　　　10 000
　　　应交税费——应交增值税（进项税额）　　　　　　　1 300
　　贷：银行存款　　　　　　　　　　　　　　　　　　　　　11 300
3. 借：固定资产　　　150 000　　　　4. 借：管理费用　　　8 000
　　贷：实收资本　　　　120 000　　　　　　制造费用　　　12 000
　　　　资本公积——资本溢价　30 000　　　贷：累计折旧　　　　20 000
5. 借：固定资产　　　200 000
　　贷：营业外收入　　　200 000

（二）

1. 借：待处理财产损溢　　50 000　　　2. 借：其他应收款　　　10 000
　　　累计折旧　　　　　　50 000　　　　　　营业外支出　　　40 000
　　贷：固定资产　　　　　　100 000　　　贷：待处理财产损溢　　50 000

（三）

1. 借：固定资产清理　　110 000　　　2. 借：原材料　　　　100 000
　　　累计折旧　　　　3 890 000　　　　　贷：固定资产清理　　100 000
　　贷：固定资产　　　　4 000 000
3. 借：固定资产清理　　30 000　　　　4. 借：营业外支出　　　40 000
　　贷：银行存款　　　　　30 000　　　　　贷：固定资产清理　　40 000

（四）

1. 借：固定资产——机床　　48 000
　　贷：实收资本　　　　　　48 000
2. 借：在建工程——机器　　　　　　　　　　　　　　　　30 000
　　　应交税费——应交增值税（进项税额）　　　　　　　3 900
　　贷：银行存款　　　　　　　　　　　　　　　　　　　　　33 900
　　借：在建工程——机器　　　　　　　　　　　　　　　　3 300
　　贷：银行存款　　　　　　　　　　　　　　　　　　　　　3 300
　　借：固定资产——机器　　　　　　　　　　　　　　　　33 300
　　贷：在建工程——机器　　　　　　　　　　　　　　　　　33 300
3. 借：固定资产——运输设备　　　　　　　　　　　　　218 000
　　　应交税费——应交增值税（进项税额）　　　　　　　26 000
　　贷：银行存款　　　　　　　　　　　　　　　　　　　　　244 000
4. 借：待处理财产损溢——待处理固定资产损溢　　　　　27 000
　　　累计折旧　　　　　　　　　　　　　　　　　　　　23 000

贷：银行存款　　　　　　　　　　　　　　　　　　　　　　50 000
　　借：营业外支出　　　　　　　　　　　　　　　　　　　　　　27 000
　　　贷：待处理财产损溢——待处理固定资产损溢　　　　　　　27 000
5. 借：制造费用——折旧费　　　28 000
　　　管理费用——折旧费　　　　14 000
　　　贷：累计折旧　　　　　　　42 000

项目五　制造费用

Ⅰ 基础题

（一）

1. 借：制造费用　　　　　　3 400　　　2. 借：制造费用　　　　　　1 200
　　　贷：原材料　　　　　　3 400　　　　　贷：银行存款　　　　　1 200
3. 借：生产成本　　　　　200 000　　　4. 借：制造费用　　　　　　5 000
　　　制造费用　　　　　　15 000　　　　　贷：累计折旧　　　　　5 000
　　　管理费用　　　　　　30 000
　　　贷：应付职工薪酬　　　　　　　245 000
5. 甲产品应负担的制造费用=（3 400+1 200+150 00+5 000）×60%=14 760(元)
　　乙产品应负担的制造费用=（3 400+1 200+15 000+5 000）×40%=9 840(元)
　　借：生产成本——甲产品　　　　　　　　　　　　　　　　　　14 760
　　　　　　　　——乙产品　　　　　　　　　　　　　　　　　　 9 840
　　　贷：制造费用　　　　　　　　　　　　　　　　　　　　　　24 600

（二）

1. 借：制造费用　　　　　　　　　　　　　　　　　　　　　　　1 660
　　　应交税费——应交增值税（进项税额）　　　　　　　　　　　215.80
　　　贷：银行存款　　　　　　　　　　　　　　　　　　　　　　1 875.80
2. 借：制造费用　　　　　　8 000　　　3. 借：制造费用　　　　　　2 840
　　　贷：累计折旧　　　　　8 000　　　　　贷：应付职工薪酬　　　2 840
4. 借：制造费用　　　　　　2 800　　　5. 借：制造费用　　　　　　300
　　　贷：原材料　　　　　　2 800　　　　　贷：库存现金　　　　　300
6. 借：生产成本——甲产品　　　　　　　　　　　　　　　　　　 1 950
　　　　　　　　——乙产品　　　　　　　　　　　　　　　　　　 5 850
　　　　　　　　——丙产品　　　　　　　　　　　　　　　　　　 7 800
　　　贷：制造费用　　　　　　　　　　　　　　　　　　　　　　156 00

制造费用分配表

产品名称	分配标准/产品生产工时	制造费用	
		分配率	分配额/元
甲产品	10 000		1 950
乙产品	30 000		5 850
丙产品	40 000		7 800
合　计	80 000	0.195	15 600

Ⅱ 巩固题

1. 借：生产成本——A 产品　　80 000
　　　　　　　——B 产品　　95 000
　　　制造费用　　　　　　　3 000
　　　管理费用　　　　　　　2 000
　　　贷：原材料——甲材料　　100 000
　　　　　　　　——乙材料　　80 000

2. 借：管理费用　　　　　　　300
　　　贷：库存现金　　　　　　300

3. 借：制造费用　　　　　　　100
　　　管理费用　　　　　　　500
　　　贷：库存现金　　　　　　600

4. 借：财务费用　　　　　　　800
　　　贷：银行存款　　　　　　800

5. 借：生产成本——A 产品　　10 000
　　　　　　　——B 产品　　15 000
　　　制造费用　　　　　　　3 000
　　　管理费用　　　　　　　8 000
　　　贷：应付职工薪酬　　　　36 000

6. 借：制造费用　　　　　　　900
　　　贷：周转材料　　　　　　900

7. 借：库存现金　　　　　　　36 000
　　　贷：银行存款　　　　　　36 000

8. 借：应付职工薪酬　　　　　36 000
　　　贷：库存现金　　　　　　36 000

9. 借：制造费用　　　　　　　1 300
　　　管理费用　　　　　　　2 600
　　　贷：银行存款　　　　　　3 900

10. 借：应付职工薪酬　　　　　120
　　　贷：库存现金　　　　　　120

11. 借：制造费用　　　　　　　3 000
　　　贷：周转材料　　　　　　3 000

12. 借：制造费用　　　　　　　4 000
　　　管理费用　　　　　　　1 000
　　　应交税费——应交增值税(进项税额)　　650
　　　贷：银行存款　　　　　　5 650

13. 借：制造费用　　　　　　　10 000
　　　管理费用　　　　　　　2 000
　　　贷：累计折旧　　　　　　12 000

14. 借：管理费用　　　　　　　2 800
　　　库存现金　　　　　　　200
　　　贷：其他应收款　　　　　3 000

15. 借：财务费用　　　　　　　850
　　　贷：银行存款　　　　　　850

16. 借：管理费用　　　　　　　900
　　　贷：库存现金　　　　　　900

17. 借：管理费用　　　　　　　　　　　　　　　　　　　　15 000
　　　贷：银行存款　　　　　　　　　　　　　　　　　　　　　　15 000
18. 制造费用总额=25 300元

制造费用

发生额	发生额
(1) 3 000	
(3) 100	(18) 25 300
(5) 3 000	
(6) 900	
(9) 1 300	
(11) 3 000	
(12) 4 000	
(13) 10 000	
期末余额：0	

制造费用分配率=25 300/(3 000+2 000)=5.06
A产品应负担制造费用=3 000×5.06=15 180(元)
B产品应负担制造费用=2 000×5.06=10 120(元)
借：生产成本——A产品　　　　　　　　　　　　　　　　15 180
　　　　　　　——B产品　　　　　　　　　　　　　　　　10 120
　　贷：制造费用　　　　　　　　　　　　　　　　　　　　　　25 300

Ⅲ 提升题

（一）

(1) 制造费用分配率=12 000/(8 000+4 000)=1(元/时)
　　甲产品分配的制造费用=8 000×1=8 000(元)
　　乙产品分配的制造费用=4 000×1=4 000(元)
(2) 甲产品的总成本=5 000+(20 000+13 000+8 000)=46 000(元)
　　甲产品单位成本=46 000/100=460(元/件)
(3) 借：库存商品——甲产品　　　　　　　　　　　　　　46 000
　　　　贷：生产成本　　　　　　　　　　　　　　　　　　　　46 000

（二）

(1) 工资及福利费分配：（可以分别分配，也可以合并分配）
　　工资的分配率=102 900/(2 400+1 800)=24.5
　　福利费分配率=14 406/(2 400+1 800)=3.43
　　A产品分配的工资费用=2 400×24.5=58 800(元)
　　A产品分配的福利费用=2 400×3.43=8 232(元)
　　B产品分配的工资费用=1 800×24.5=44 100(元)
　　B产品分配的福利费用=1 800×3.43=6 174(元)
(2) 制造费用分配：

分配率＝34 650/(2 400+1 800)＝8.25

A产品分配的制造费用＝2 400×8.25＝19 800(元)

B产品分配的制造费用＝1 800×8.25＝14 850(元)

(3) A产品成本明细账：

产品成本明细账

产品名称：A产品　　　投产数量：50件　　　金额单位：元

项目	产量/件	直接材料	直接人工	制造费用	合计
期初在产品成本	0				
本月生产费用		13 168	(58 800+8 232) 67 032	19 800	100 000
结转完工产品总成本	50	13 168	67 032	19 800	100 000
完工产品单位成本		263.36	1 340.64	396	2 000

项目六　生产成本

Ⅰ 基础题

(一)

1. 借：库存现金　　　　　　　89 600
    贷：银行存款　　　　　　　　　　89 600

2. 借：应付职工薪酬　　　　　89 600
    贷：库存现金　　　　　　　　　　89 600

3. 借：生产成本——A产品　　60 000
    生产成本——B产品　　20 000
    制造费用　　　　　　　4 000
    贷：原材料　　　　　　　　　　84 000

4. 借：制造费用　　　　　　　44 000
    管理费用　　　　　　　8 000
    贷：累计折旧　　　　　　　　　52 000

5. 借：生产成本——A产品　　　　　　　　24 000
    生产成本——B产品　　　　　　　　21 000
    制造费用　　　　　　　　　　　　18 600
    管理费用　　　　　　　　　　　　26 000
    贷：应付职工薪酬　　　　　　　　　　　89 600

6. 制造费用分配率＝66 600/(24 000+21 000)＝1.48
    借：生产成本——A产品　　　　　　　　35 520
    生产成本——B产品　　　　　　　　31 080
    贷：制造费用　　　　　　　　　　　　　66 600

7. A产品的总成本＝60 000+24 000+35 520＝119 520(元)
    B产品的总成本＝20 000+21 000+31 080＝72 080(元)
    借：库存商品——A产品　　　　　　　119 520
    库存商品——B产品　　　　　　　72 080
    贷：生产成本——A产品　　　　　　　　　119 520

    生产成本——B产品   72 080

(二)

1. 借：生产成本——甲产品   163 000
     ——乙产品   212 000
  制造费用   7 500
  管理费用   2 500
  贷：原材料   385 000

2. 借：生产成本——甲产品   23 940
     ——乙产品   29 640
  制造费用   3 420
  管理费用   9 120
  贷：应付职工薪酬   66 120

3. 借：制造费用   2 100
  管理费用   1 500
  贷：累计折旧   3 600

4. 制造费用分配 = 42 864/(23 940+29 640) = 42 864/53 580 = 0.8
  甲产品 = 23 940×0.8 = 19 152(元)
  乙产品 = 29 640×0.8 = 23 712(元)
  借：生产成本——甲产品   19 152
     ——乙产品   23 712
   贷：制造费用   42 864

5. 甲产品总成本 = 4 200+(163 000+23 940+19 152)−10×180 = 208 492(元)
  单位成本 = 208 492/400 = 521.23(元/件)
  乙产品总成本 = 5 400+(212 000+29 640+23 712) = 270 752(元)
  单位成本 = 270 752/600 = 451.23(元/件)
  借：库存商品——甲产品   208 492
     ——乙产品   270 752
   贷：生产成本   479 244

Ⅱ 巩固题

生产成本列出必要明细科目

1. 借：制造费用   180
  管理费用   320
  贷：银行存款   500

2. 借：生产成本——#1 12 500
     ——#2 8 400
  贷：原材料——甲材料 13 400
     ——乙材料 7 500

3. 借：制造费用   1 200
  管理费用   300
  贷：原材料——丙材料 1 500

4. 借：其他应收款——王某 500
  贷：库存现金   500

5. 借：库存现金   12 000
  贷：银行存款   12 000

6. 借：应付职工薪酬　　　　　　　　　　　　　　　　12 000
　　　贷：库存现金　　　　　　　　　　　　　　　　　　12 000
7. 借：管理费用　　　　　　　　　　　　　　　　　　485
　　　库存现金　　　　　　　　　　　　　　　　　　　15
　　　贷：其他应收款——王某　　　　　　　　　　　　500
8. 借：制造费用　　　　　　　　　　　　　　　　　　2 500
　　　管理费用　　　　　　　　　　　　　　　　　　　800
　　　贷：银行存款　　　　　　　　　　　　　　　　　3 300
9. 借：生产成本——#1　　　　　　　　　　　　　　　5 500
　　　　　　　　——#2　　　　　　　　　　　　　　　4 500
　　　制造费用　　　　　　　　　　　　　　　　　　　1 200
　　　管理费用　　　　　　　　　　　　　　　　　　　800
　　　贷：应付职工薪酬　　　　　　　　　　　　　　　12 000
10. 分配率＝5 080/(5 500+4 500)＝0.508
　　生产#1号花格网的制造费用＝0.508×5 500＝2 794(元)
　　生产#2号花格网的制造费用＝0.508×4 500＝2 286(元)
　　　借：生产成本——#1　　　　　　　　　　　　　　2 794
　　　　　　　　　——#2　　　　　　　　　　　　　　2 286
　　　贷：制造费用　　　　　　　　　　　　　　　　　5 080
11. 借：库存商品——#1　　　　　　　　　　　　　　　20 794
　　　　　　　　——#2　　　　　　　　　　　　　　　9 111.6
　　　贷：生产成本——#1　　　　　　　　　　　　　　20 794
　　　　　　　　　——#2　　　　　　　　　　　　　　9 111.6

Ⅲ 提升题

(1)
① 借：管理费用　　　　　　　　　　　　　　　　　　500
　　　贷：库存现金　　　　　　　　　　　　　　　　　　500
② 借：生产成本——A产品　　　　　　　　　　　　　　35 000
　　　生产成本——B产品　　　　　　　　　　　　　　　20 000
　　　制造费用　　　　　　　　　　　　　　　　　　　2 000
　　　管理费用　　　　　　　　　　　　　　　　　　　1 000
　　　贷：原材料　　　　　　　　　　　　　　　　　　　58 000
③ 借：生产成本——A产品　　　　　　　　　　　　　　200 000
　　　生产成本——B产品　　　　　　　　　　　　　　　150 000
　　　制造费用　　　　　　　　　　　　　　　　　　　50 000
　　　管理费用　　　　　　　　　　　　　　　　　　　30 000
　　　贷：应付职工薪酬　　　　　　　　　　　　　　　430 000
④ 借：制造费用　　　　　　　　　　　　　　　　　　25 000

　　　　管理费用　　　　　　　　　　　　　　　　　　　　　　　　5 000
　　　　　贷：累计折旧　　　　　　　　　　　　　　　　　　　　　　　30 000
⑤ 制造费用合计＝2 000+50 000+25 000＝77 000(元)
　　分配率＝77 000/(200 000+150 000)＝0.22
　　A产品分配的制造费用＝200 000×0.22＝44 000(元)
　　B产品分配的制造费用＝150 000×0.22＝33 000(元)
　　借：生产成本——A产品　　　　　　　　　　　　　　　　　　　44 000
　　　　　　　——B产品　　　　　　　　　　　　　　　　　　　33 000
　　　　贷：制造费用　　　　　　　　　　　　　　　　　　　　　　　77 000

(2) **制造费用分配表**

2×24年3月31日

产品名称	生产工人工资/元	分配率	分配额/元
A产品	200 000		44 000
B产品	150 000		33 000
合　计	350 000	0.22	77 000

借：生产成本——A产品　　　　　　　　　　　　　　　　　　　　　44 000
　　生产成本——B产品　　　　　　　　　　　　　　　　　　　　　33 000
　　　贷：制造费用　　　　　　　　　　　　　　　　　　　　　　　　77 000

(3) **生产成本明细账——A产品**

单位：元

2×24年		摘要	成本项目			合计
月	日		直接材料	直接人工	制造费用	
3	1	期初余额				0
	10	领用材料	35 000			35 000
	31	分配工资		200 000		200 000
	31	分配制造费用			44 000	44 000
	31	生产费用合计	35 000	200 000	44 000	279 000
	31	结转完工产品成本	35 000	200 000	44 000	279 000

借：库存商品　　　　　　　　　　　　　　　　　　　　　　　　　279 000
　　　贷：生产成本　　　　　　　　　　　　　　　　　　　　　　　279 000
产品的平均单位成本＝279 000/1 000＝279(元/件)
(4) 借：应收票据　　　　　　　　　　　　　　　　　　　　　　　16 950
　　　　贷：主营业务收入　　　　　　　　　　　　　　　　　　　　15 000
　　　　　　应交税费——应交增值税(销项税额)　　　　　　　　　　1 950

（5）借：主营业务成本　　　　　　　　　　　　　　　　　　8 370（30×279）
　　　　贷：库存商品　　　　　　　　　　　　　　　　　　　　　8 370
（6）借：税金及附加　　　　　　　　　　　　　　　　　　　750
　　　　贷：应交税费　　　　　　　　　　　　　　　　　　750（15 000×5％＝750）

项目七　销售业务

Ⅰ 基础题

1. 借：应收账款　　　　　　　　　　　　　　　　　　　　22 600
　　　贷：主营业务收入　　　　　　　　　　　　　　　　　20 000
　　　　　应交税费——应交增值税（销项税额）　　　　　　2 600
2. 借：银行存款　　　　　　　　　　　　　　　　　　　　33 900
　　　贷：主营业务收入　　　　　　　　　　　　　　　　　30 000
　　　　　应交税费——应交增值税（销项税额）　　　　　　3 900
3. 借：销售费用　　4 500　　　　4. 借：银行存款　　22 600
　　　贷：银行存款　　4 500　　　　　贷：应收账款　　22 600
5. 借：主营业务成本　　13 200　　6. 借：销售费用　　2 000
　　　贷：库存商品　　13 200　　　　　贷：银行存款　　2 000
7. 借：应收票据　　　　　　　　　　　　　　　　　　　　45 200
　　　贷：主营业务收入　　　　　　　　　　　　　　　　　40 000
　　　　　应交税费——应交增值税（销项税额）　　　　　　5 200
8. 借：银行存款　　45 200　　　　9. 借：银行存款　　15 000
　　　贷：应收票据　　45 200　　　　　贷：应收账款　　15 000
10. 借：银行存款　　10 000　　　 11. 借：银行存款　　30 000
　　　 贷：其他业务收入　　10 000　　　　贷：合同负债　　30 000
12. 借：合同负债　　　　　　　　　　　　　　　　　　　　30 000
　　　　应收账款　　　　　　　　　　　　　　　　　　　　60 400
　　　贷：主营业务收入　　　　　　　　　　　　　　　　　80 000
　　　　　应交税费——应交增值税（销项税额）　　　　　　10 400
13. 借：银行存款　　60 400　　　 14. 借：销售费用　　2 000
　　　 贷：应收账款　　60 400　　　　　贷：银行存款　　2 000
15. 借：税金及附加　　　　　　　　　　　　　　　　　　　3 000
　　　 贷：应交税费——应交城市维护建设税　　　　　　　2 100
　　　　　　　　　　——应交教育费附加　　　　　　　　　　900
16. 借：银行存款　　　　　　　　　　　　　　　　　　　　1 130
　　　 贷：其他业务收入　　　　　　　　　　　　　　　　1 000
　　　　　 应交税费——应交增值税（销项税额）　　　　　　130
17. 借：其他业务成本　　800　　　18. 借：合同负债　　100 000
　　　 贷：原材料　　800　　　　　　　贷：银行存款　　100 000

Ⅱ 巩固题

（一）

1. 借：应收账款　　　　　　　　　　　　　　　　　　　　452 000
　　　贷：主营业务收入　　　　　　　　　　　　　　　　　　400 000
　　　　　应交税费——应交增值税（销项税额）　　　　　　　52 000
2. 借：银行存款　　　　　　　　　　　　　　　　　　　　200 000
　　　贷：应收账款　　　　　　　　　　　　　　　　　　　　200 000
3. 借：银行存款　　　　　　　　　　　　　　　　　　　　203 400
　　　贷：主营业务收入　　　　　　　　　　　　　　　　　　180 000
　　　　　应交税费——应交增值税（销项税额）　　　　　　　23 400
4. 借：主营业务成本　　　　　　　　　　　　　　　　　　350 000
　　　贷：库存商品——A产品　　　　　　　　　　　　　　　250 000
　　　　　　　　　　——B产品　　　　　　　　　　　　　　100 000
5. 借：税金及附加　　　　　　　　　　　　　　　　　　　　9 000
　　　贷：应交税费——应交消费税　　　　　　　　　　　　　9 000
6. 借：银行存款　　　　　　　　　　　　　　　　　　　　158 200
　　　贷：其他业务收入　　　　　　　　　　　　　　　　　　140 000
　　　　　应交税费——应交增值税（销项税额）　　　　　　　18 200
7. 借：其他业务成本　　　　　　　　　　　　　　　　　　100 000
　　　贷：原材料　　　　　　　　　　　　　　　　　　　　　100 000

（二）

1. 借：应收账款　　　　　　　　　　　　　　　　　　　　361 600
　　　贷：主营业务收入　　　　　　　　　　　　　　　　　　320 000
　　　　　应交税费——应交增值税（销项税额）　　　　　　　41 600
2. 借：银行存款　　　200 000　　　　3. 借：销售费用　　　1 500
　　　贷：合同负债　　　　200 000　　　　　贷：银行存款　　　　1 500
4. 借：应收票据　　　　　　　　　　　　　54 250
　　　　合同负债　　　　　　　　　　　　200 000
　　　贷：主营业务收入　　　　　　　　　　225 000
　　　　　应交税费——应交增值税（销项税额）　29 250
5. 借：主营业务成本　　　　　　　　　　　266 000
　　　贷：库存商品　　　　　　　　　　　　266 000
6. 借：税金及附加　　　1 600　　　　7. 借：应收账款　　　20 000
　　　贷：应交税费　　　　1 600　　　　　贷：应收票据　　　　20 000
　　　　　　　　　　　　　　　　　　　借：本年利润　　　269 100
8. 借：主营业务收入　　　545 000　　　　　贷：主营业务成本　　266 000
　　　贷：本年利润　　　　545 000　　　　　　　销售费用　　　　1 500
　　　　　　　　　　　　　　　　　　　　　　　税金及附加　　　1 600

Ⅲ 提升题

(一)

1. 借：银行存款　　　　　　　　　　　　　　　　　　33 900
   　　贷：主营业务收入　　　　　　　　　　　　　　　30 000
   　　　　应交税费——应交增值税(销项税额)　　　　　3 900
2. 借：应收账款——乙　　　　　　　　　　　　　　　50 850
   　　贷：主营业务收入　　　　　　　　　　　　　　　45 000
   　　　　应交税费——应交增值税(销项税额)　　　　　5 850
3. 借：合同履约成本　　1 000　　　　4. 借：销售费用　　1 000
   　　贷：银行存款　　　　1 000　　　　　贷：应付职工薪酬　1 000
5. 借：税金及附加　　　　　　　　　　　　　　　　　　4 500
   　　贷：应交税费——应交消费税　　　　　　　　　　4 500
6. 借：银行存款　　　　　　　　　　　　　　　　　　　1 356
   　　贷：其他业务收入　　　　　　　　　　　　　　　1 200
   　　　　应交税费——应交增值税(销项税额)　　　　　　156
7. 借：主营业务成本　　57 000　　　　8. 借：其他业务成本　1 000
   　　贷：库存商品——A　　22 500　　　　　贷：原材料　　　1 000
   　　　　　　　　——B　　34 500

(二)

1. 借：银行存款　　　　　　　　　　　　　　　　　　100 000
   　　贷：合同负债　　　　　　　　　　　　　　　　　100 000
2. 借：银行存款　　　　　　　　　　　　　　　　　　203 400
   　　贷：主营业务收入——A产品　　　　　　　　　　180 000
   　　　　应交税费——应交增值税(销项税额)　　　　　23 400
3. 借：银行存款　　　　　　　　　　　　　　　　　　200 000
   　　贷：应收账款　　　　　　　　　　　　　　　　　200 000
4. 借：应收票据　　　　　　　　　　　　　　　　　　226 000
   　　贷：主营业务收入——B产品　　　　　　　　　　200 000
   　　　　应交税费——应交增值税(销项税额)　　　　　26 000
5. 借：合同负债　　　　　　　　　　　　　　　　　　100 000
   　　　应收账款　　　　　　　　　　　　　　　　　306 800
   　　贷：主营业务收入　　　　　　　　　　　　　　360 000
   　　　　应交税费——应交增值税(销项税额)　　　　　46 800
6. 借：银行存款　　306 800　　　　　7. 借：销售费用　　2 000
   　　贷：应收账款　　306 800　　　　　　贷：银行存款　　2 000
8. 借：销售费用　　　800　　　　　　9. 借：银行存款　　75 000
   　　贷：库存现金　　　800　　　　　　　贷：应收票据　　75 000
10. 借：税金及附加　　　　　　　　　　　　　　　　　74 000

贷：应交税费——应交消费税　　　　　　　　　　　　　　　74 000
11. 借：应收账款　　　　　　　　16 950
　　　贷：其他业务收入　　　　　　　　　　　　　　　　　　　15 000
　　　　　应交税费——应交增值税(销项税额)　　　　　　　　　1 950
12. 借：其他业务成本　　12 000　　　13. 借：主营业务成本　500 000
　　　贷：原材料　　　　12 000　　　　　　贷：库存商品　　　500 000

项目八　期间费用

Ⅰ 基础题

1. 借：销售费用　　　　　1 250　　　2. 借：销售费用　　　　12 000
　　　贷：银行存款　　　　1 250　　　　　　贷：应付职工薪酬　12 000
3. 借：税金及附加　　　　　　60　　　4. 借：银行存款　　　　 1 200
　　　贷：库存现金　　　　　　60　　　　　　贷：财务费用　　　 1 200
5. 借：管理费用　　　　　7 800　　　6. 借：财务费用　　　　　　 12
　　　贷：银行存款　　　　7 800　　　　　　贷：银行存款　　　　　 12
7. 借：管理费用　　　　　5 800　　　8. 借：银行存款　　　　　3 100
　　　贷：银行存款　　　　5 800　　　　　　贷：财务费用　　　　3 100
9. 借：财务费用　　　　　4 200　　　10. 借：营业外支出　　　12 000
　　　贷：应付利息　　　　4 200　　　　　　贷：银行存款　　　 12 000
11. 借：销售费用　　　　32 000　　　12. 借：制造费用　　　　　 100
　　　贷：银行存款　　　32 000　　　　　　管理费用　　　　　　 500
　　　　　　　　　　　　　　　　　　　　　贷：银行存款　　　　　 600
13. 借：销售费用　　　　 2 000　　　14. 借：管理费用　　　　 1 650
　　　贷：银行存款　　　 2 000　　　　　　库存现金　　　　　　 150
　　　　　　　　　　　　　　　　　　　　　贷：其他应收款　　　 1 800
15. 借：管理费用　　　　 4 000　　　16. 借：管理费用　　　　 2 600
　　　贷：银行存款　　　 4 000　　　　　　贷：银行存款　　　 2 600
17. 借：管理费用　　　　　 260　　　18. 借：制造费用　　　　 3 000
　　　贷：库存现金　　　　 260　　　　　　管理费用　　　　　 1 600
　　　　　　　　　　　　　　　　　　　　　贷：累计折旧　　　　 4 600
19. 借：制造费用　　　　 2 840　　　20. 借：管理费用　　　　20 000
　　　贷：应付职工薪酬　 2 840　　　　　　贷：原材料　　　　 20 000

Ⅱ 巩固题

1. 借：其他应收款　　　　3 000　　　2. 借：管理费用　　　　　2 800
　　　贷：库存现金　　　　3 000　　　　　　库存现金　　　　　　 200
　　　　　　　　　　　　　　　　　　　　　贷：其他应收款　　　 3 000

3. 借：财务费用	1 000			4. 借：管理费用	1 500	
贷：应付利息		1 000		贷：库存现金		1 500
5. 借：销售费用	35 000			6. 借：预付账款	4 500	
贷：银行存款		35 000		贷：银行存款		4 500
7. 借：管理费用	5 000			8. 借：银行存款	26 000	
贷：银行存款		5 000		贷：营业外收入		26 000

9. 借：营业外支出　　　　12 000
　　贷：银行存款　　　　　　　　12 000
10. 借：管理费用　　　　　　　　　　　　　　　　　3 200
　　　应交税费——应交增值税(进项税额)　　　　　416
　　贷：银行存款　　　　　　　　　　　　　　　　　　　3 616
11. 借：财务费用　　　　　　　　　　　　　　　　　12 000
　　贷：应付利息　　　　　　　　　　　　　　　　　　　12 000
12. 借：生产成本——A产品　　　　　　　　　　　　30 000
　　　　　　——B产品　　　　　　　　　　　　18 000
　　　制造费用　　　　　　　　　　　　　　　　　　2 000
　　　管理费用　　　　　　　　　　　　　　　　　　1 200
　　贷：原材料——甲材料　　　　　　　　　　　　　　　51 200
13. 借：生产成本——A产品　　　　　　　　　　　　27 000
　　　　　　——B产品　　　　　　　　　　　　18 000
　　　制造费用　　　　　　　　　　　　　　　　　　4 000
　　　管理费用　　　　　　　　　　　　　　　　　11 500
　　贷：应付职工薪酬　　　　　　　　　　　　　　　　　60 500
14. 借：制造费用　　　　　　　　　　　　　　　　　3 900
　　　管理费用　　　　　　　　　　　　　　　　　　1 700
　　贷：累计折旧　　　　　　　　　　　　　　　　　　　5 600
15. 借：应付职工薪酬　　　　　　　　　　　　　　　300
　　贷：库存现金　　　　　　　　　　　　　　　　　　　300

16. 借：管理费用	900			17. 借：应付职工薪酬	25 000	
贷：库存现金		900		贷：库存现金		25 000
18. 借：应付账款	2 500			19. 借：营业外收入	28 500	
贷：营业外收入		2 500		贷：本年利润		28 500

20. 借：本年利润　　　　87 800
　　贷：管理费用　　　　　　27 800
　　　　营业外支出　　　　12 000
　　　　销售费用　　　　　　35 000
　　　　财务费用　　　　　　13 000

项目九 债权债务

Ⅰ 基础题

1. 借：银行存款　　　　40 000
　　贷：应收账款　　　　　　40 000
2. 借：应付账款　　　　6 000
　　贷：银行存款　　　　　　6 000
3. 借：应付账款　　　　10 000
　　贷：短期借款　　　　　　10 000
4. 借：银行存款　　　　8 600
　　贷：其他应付款　　　　　8 600
5. 借：预付账款　　　　2 500
　　贷：银行存款　　　　　　2 500
6. 借：应交税费　　　　30 000
　　贷：银行存款　　　　　　30 000
7. 借：银行存款　　　　10 000
　　贷：合同负债　　　　　　10 000
8. 借：应付账款　　　　12 000
　　贷：应付票据　　　　　　12 000
9. 借：财务费用　　　　800
　　贷：应付利息　　　　　　800
10. 借：其他应收款　　　500
　　　贷：库存现金　　　　　500
11. 借：应付账款　　　　12 330
　　　贷：营业外收入　　　　12 330
12. 借：银行存款　　　　100 000
　　　贷：长期借款　　　　　100 000
13. 借：银行存款　　　　7 000
　　　贷：应收票据　　　　　7 000
14. 借：应付职工薪酬　　18 000
　　　贷：库存现金　　　　　18 000
15. 借：原材料　　　　　　　　　　　　　　40 000
　　　应交税费——应交增值税(进项税额)　　5 200
　　　贷：应付账款　　　　　　　　　　　　45 200
16. 借：在途物资　　　　　　　　　　　　　5 000
　　　应交税费——应交增值税(进项税额)　　650
　　　贷：应付票据　　　　　　　　　　　　5 650
17. 借：应付票据　　　　5 650
　　　贷：银行存款　　　　　5 650
18. 借：应付股利　　　　200 000
　　　贷：银行存款　　　　　200 000
19. 借：应收账款　　　　　　　　　　　　　63 280
　　　贷：主营业务收入　　　　　　　　　　56 000
　　　　　应交税费——应交增值税(销项税额)　7 280
20. 借：管理费用　　　　2 800
　　　库存现金　　　　　200
　　　贷：其他应收款　　　　3 000

Ⅱ 巩固题

（一）

1. 借：原材料 100 500
     　　应交税款——应交增值税（进项税额） 13 000
   　贷：应付账款——A 公司 113 500
2. 借：应付账款——A 公司 113 500
   　贷：银行存款 113 500
3. 借：制造费用 42 000
     　　管理费用 16 000
   　贷：应付账款——供电部门 58 000
4. 借：银行存款 135 600
   　贷：合同负债——D 公司 135 600
   　借：合同负债——D 公司 227 000
   　贷：主营业务收入 200 000
     　　应交税费——应交增值税（销项税额） 26 000
     　　银行存款 1 000
5. 借：银行存款 10 000
   　贷：其他应付款——存入保证金 10 000
6. 借：应付账款——B 公司 2 000
   　贷：银行存款 2 000
7. 借：银行存款 2 000
   　贷：应付账款——B 公司 2 000
   　借：应付账款——B 公司 2 000
   　贷：营业外收入 2 000
8. 借：银行存款 91 400
   　贷：合同负债——D 公司 91 400

（二）

1. 借：应收账款——红光公司 293 800
   　贷：主营业务收入——B 产品 260 000
     　　应交税费——应交增值税（销项税额） 33 800
2. 借：银行存款 10 000
   　贷：合同负债——民族商场 10 000
3. 借：银行存款 150 600
   　贷：应收账款——大华公司 150 600
4. 借：应收票据 40 680
   　贷：主营业务收入——A 产品 36 000
     　　应交税费——应交增值税（销项税额） 4 680
5. 借：合同负债——民族商场 10 000

	银行存款	298 490
	贷：主营业务收入——B产品	273 000
	应交税费——应交增值税(销项税额)	35 490
6.	借：在途物资	50 000
	应交税费——应交增值税(进项税额)	6 500
	贷：银行存款	20 000
	应付账款	36 500
7.	借：应收账款	120 000
	贷：应收票据	12 000

Ⅲ 提升题

1.	借：其他应收款——备用金(张正)	25 000
	贷：库存现金	25 000
2.	借：银行存款	6 000
	贷：其他应付款——存入保证金	6 000
3.	借：应收账款——乙企业	136 200
	贷：主营业务收入	120 000
	应交税费——应交增值税(销项税额)	15 600
	银行存款	600
4.	借：应收账款——丙企业	237 300
	贷：主营业务收入	210 000
	应交税费——应交增值税(销项税额)	27 300
5.	借：管理费用	24 500
	贷：库存现金	24 500
6.	借：其他应付款——存入保证金	6 000
	贷：银行存款	6 000
7.	借：银行存款	95 340
	贷：应收账款—乙企业	95 340
8.	借：应收账款——乙企业	113 000
	贷：主营业务收入	100 000
	应交税费—应交增值税(销项税额)	13 000
9.	借：银行存款	113 000
	贷：应收账款——乙企业	113 000
10.	借：库存现金	10 000
	贷：其他应收款—备用金(张正)	10 000

应收账款总分类账

账户名称：应收账款　　　　　　　　　　　　　　　　　　　　　　　　单位：元

2024年		凭证号码	摘要	借方	贷方	借或贷	余额
月	日						
10	1	略	月初余额			借	4 868
	6		销售A产品	136 200		借	141 068
	8		销售B产品	237 300		借	378 368
	13		收到货款		95 340	借	283 028
	14		销售C产品	113 000		借	396 028
	28		收回C产品货款		113 000	借	283 028
	31		本月合计	486 500	208 340	借	283 028

应收账款明细账

账户名称：乙企业　　　　　　　　　　　　　　　　　　　　　　　　　单位：元

2024年		凭证号码	摘要	借方	贷方	借或贷	余额
月	日						
10	1	略	月初余额			借	2 378
	7		销售A产品	136 200		借	138 578
	13		收回货款		95 340	借	43 238
	14		销售C产品	113 000		借	156 238
	28		收回C产品货款		113 000	借	43 238
	31		本月合计	249 200	208 340	借	43 238

其他应收款明细账

二级科目：备用金

账户名称：张正　　　　　　　　　　　　　　　　　　　　　　　　　　单位：元

2024年		凭证号码	摘要	借方	贷方	借或贷	余额
月	日						
10	5	略	拨付备用金	25 000		借	25 000
	30		收回部分备用金		10 000	借	15 000
	31		本月合计	25 000	10 000	借	15 000

项目十　利润的形成和分配

Ⅰ 基础题

（一）

1. 借：主营业务收入　　　　350 000
　　　其他业务收入　　　　 10 000
　　　投资收益　　　　　　 70 000
　　　营业外收入　　　　　100 000
　　　　贷：本年利润　　　　　　530 000

2. 借：本年利润　　　　　　330 000
　　　贷：主营业务成本　　　　210 000
　　　　　销售费用　　　　　　 8 000
　　　　　税金及附加　　　　　 8 500
　　　　　管理费用　　　　　　 34 500
　　　　　财务费用　　　　　　 2 000
　　　　　其他业务成本　　　　 7 000
　　　　　营业外支出　　　　　 60 000

3. 利润总额＝530 000－330 000＝200 000（元）

　 所得税费用＝200 000×25%＝50 000（元）

　 借：所得税费用　　　　　　　　　　　　　　　　　　　50 000
　 　　贷：应交税费——应交所得税　　　　　　　　　　　 50 000

　 借：本年利润　　　　　　　　　　　　　　　　　　　　50 000
　 　　贷：所得税费用　　　　　　　　　　　　　　　　　 50 000

4. 借：本年利润　　　　　　　　　　　　　　　　　　　150 000
　　　贷：利润分配——未分配利润　　　　　　　　　　　150 000

（二）

1. 借：应收账款　　　　　　　　　　　　　　　　　　　 22 600
　　　贷：主营业务收入　　　　　　　　　　　　　　　　 20 000
　　　　　应交税费——应交增值税（销项税额）　　　　　 2 600

2. 借：销售费用　　4 500　　　　3. 借：主营业务成本　　13 200
　　　贷：银行存款　　4 500　　　　　贷：库存商品　　　　13 200

4. 借：银行存款 100 000
　　贷：合同负债 100 000
5. 借：应收票据 33 900
　　贷：主营业务收入 30 000
　　　　应交税费——应交增值税(销项税额) 3 900
6. 借：合同负债 100 000
　　贷：主营业务收入 80 000
　　　　应交税费——应交增值税(销项税额) 10 400
　　　银行存款 9 600
7. 借：税金及附加 3 000
　　贷：应交税费——应交城市维护建设税 2 100
　　　　　　　　——应交教育费附加 900
8. 借：销售费用 2 000
　　贷：银行存款 2 000
9. (1) 借：银行存款 1 130
　　　贷：其他业务收入 1 000
　　　　　应交税费——应交增值税(销项税额) 130
　(2) 借：其他业务成本 800
　　　贷：原材料 800
10. (1) 借：主营业务收入 130 000
　　　　　其他业务收入 1 000
　　　　贷：本年利润 131 000

(2) 借：本年利润 23 500
　　贷：主营业务成本 13 200
　　　　其他业务成本 800
　　　　销售费用 6 500
　　　　税金及附加 3 000

(三)

1. 借：主营业务收入 8 000 000
　　贷：本年利润 8 000 000
　　借：本年利润 4 700 000
　　　贷：主营业务成本 3 500 000
　　　　税金及附加 130 000
　　　　销售费用 670 000
　　　　管理费用 400 000

2. 应交所得税 = (800-470)×25% = 82.50(万元)

3. 借：所得税费用 825 000
　　贷：应交税费——应交所得税 825 000
　　借：本年利润 825 000
　　贷：所得税费用 825 000

4. 借：本年利润 2 475 000
　　贷：利润分配——未分配利润 2 475 000

5. 借：利润分配——提取法定盈余公积 247 500
　　　　　　　——应付现金股利 400 000

贷：盈余公积——法定盈余公积			247 500
应付股利			400 000

Ⅱ 巩固题

一、

1. 借：主营业务收入　　　800 000　　　借：本年利润　　　　　477 000
　　　其他业务收入　　　　60 000　　　　　贷：主营业务成本　　　320 000
　　　营业外收入　　　　　 2 400　　　　　　　其他业务成本　　　 35 000
　　贷：本年利润　　　　　862 400　　　　　　　税金及附加　　　　 8 000
　　　　　　　　　　　　　　　　　　　　　　　　销售费用　　　　　 30 000
　　　　　　　　　　　　　　　　　　　　　　　　管理费用　　　　　 50 000
　　　　　　　　　　　　　　　　　　　　　　　　财务费用　　　　　 18 000
　　　　　　　　　　　　　　　　　　　　　　　　营业外支出　　　　 16 000

2. 12月利润总额＝862 400－477 000＝385 400（元）
　12月应交所得税＝385 400×25%＝96 350（元）
　借：所得税费用　　　　　　　　　　　　　　　96 350
　　贷：应交税费——应交所得税　　　　　　　　　　　　96 350
　借：本年利润　　　　　　　　　　　　　　　　96 350
　　贷：所得税费用　　　　　　　　　　　　　　　　　96 350
　12月净利润＝385 400－96 350＝289 050（元）

3. 计提法定盈余公积＝8 600 000×10%＝860 000（元）
　借：利润分配　　　　　　　　　　　　　　　860 000
　　贷：盈余公积　　　　　　　　　　　　　　　　　860 000
　向投资者分配利润＝（8 600 000－860 000）×45%＝3 483 000（元）
　借：利润分配　　　　　　　　　　　　　　　3 483 000
　　贷：应付股利　　　　　　　　　　　　　　　　　3 483 000

二、

1. 借：制造费用　　　　3 000　　　　2. 借：财务费用　　　　500
　　　管理费用　　　　2 200　　　　　　贷：应付利息　　　　　　500
　　贷：应付账款　　　　　5 200

3. 借：管理费用　　　　1 000　　　　4. 借：生产成本　　　18 800
　　　制造费用　　　　3 000　　　　　　贷：制造费用　　　　　18 800
　　贷：累计折旧　　　　　4 000

5. 借：库存商品　　　62 000　　　　6. 借：主营业务成本　60 000
　　贷：生产成本　　　　62 000　　　　贷：库存商品　　　　　60 000

7. 借：税金及附加　　　　　　　　　　　　　　　4 320
　　贷：应交税费　　　　　　　　　　　　　　　　　4 320

8. 应交所得税＝（86 400－60 000－2 400－9 840－4 320－500）×25%＝2 335（元）
　借：所得税费用　　　　　　　　　　　　　　　2 335

   贷：应交税费——应交所得税　　　　　　　　　　　　　　　　2 335
 9. 借：主营业务收入　　86 400　　　　借：本年利润　　　　　　79 395
   贷：本年利润　　　　86 400　　　　 贷：主营业务成本　　　60 000
                 销售费用　　　　　 2 400
                  管理费用　　　　　 9 840
                  税金及附加　　　　 4 320
                  财务费用　　　　　 500
                  所得税费用　　　　 2 335

Ⅲ 提升题

（一）

1. 营业利润=(6 854 000+45 000)-(5 264 000+31 000)-24 000-542 000-46 000
    -64 000+240 000=1 168 000(元)
 利润总额=7 169 000-6 017 000=1 152 000(元)
2. 应交所得税=1 152 000×25%=288 000(元)
 借：所得税费用　　　　　　　　　　　　　　　　　　　　　　288 000
  贷：应交税费——应交所得税　　　　　　　　　　　　　　　288 000
 借：本年利润　　　　　　　　　　　　　　　　　　　　　　　288 000
  贷：所得税费用　　　　　　　　　　　　　　　　　　　　　288 000
3. 借：主营业务收入　　6 854 000　　　　4. 借：本年利润　　　　6 017 000
  其他业务收入　　　45 000　　　　 贷：主营业务成本　　5 264 000
  投资收益　　　　 240 000　　　　 税金及附加　　　　 24 000
  营业外收入　　　　30 000　　　　 其他业务成本　　　 31 000
  贷：本年利润　　7 169 000　　　　 营业外支出　　　　 46 000
                 管理费用　　　　　542 000
                 财务费用　　　　　 46 000
                 销售费用　　　　　 64 000
5. 全年净利润=8 448 000+(1 152 000-288 000)=9 312 000(元)
 借：利润分配——提取盈余公积　　　　　　　　　　　　　　　931 200
  贷：盈余公积——法定盈余公积　　　　　　　　　　　　　　931 200
6. 借：利润分配——应付现金股利　　　　　　　　　　　　　　　3 600 000
  贷：应付股利　　　　　　　　　　　　　　　　　　　　　3 600 000
7. 借：本年利润　　　　　　　　　　　　　　　　　　　　　　9 312 000
  贷：利润分配——未分配利润　　　　　　　　　　　　　　9 312 000
8. 借：利润分配——未分配利润　　　　　　　　　　　　　　　4 531 200
  贷：利润分配——提取盈余公积　　　　　　　　　　　　　　931 200
     ——应付现金股利　　　　　　　　　　　　　3 600 000

(二)

1. 借：主营业务收入　　　　　　3 000 000　　　　借：本年利润　　　　　　　1 590 000
　　　其他业务收入　　　　　　620 000　　　　　　贷：主营业务成本　　1 400 000
　　　投资收益　　　　　　　　50 000　　　　　　　　营业外支出　　　　30 000
　　贷：本年利润　　　　　　3 670 000　　　　　　　　管理费用　　　　　80 000
　　　　　　　　　　　　　　　　　　　　　　　　　　　销售费用　　　　　60 000
　　　　　　　　　　　　　　　　　　　　　　　　　　　财务费用　　　　　20 000

2. 应纳税所得额=(367-159)+2=210(万元)
　　应交所得税=210×25%=52.50(万元)
　　借：所得税费用　　　　　　　　　　　　　　　　　525 000
　　　贷：应交税费——应交所得税　　　　　　　　　　　525 000

3. 借：本年利润　　　　　　　　　　　　　　　　　　525 000
　　　贷：所得税费用　　　　　　　　　　　　　　　　525 000

4. 借：本年利润　　　　　　　　　　　　　　　　　1 555 000
　　　贷：利润分配——未分配利润　　　　　　　　　1 555 000

5. 按税后利润10%提取法定盈余公积金
　　借：利润分配　　　　　　　　　　　　　　　　　155 500
　　　贷：盈余公积——提取法定盈余公积　　　　　　155 500

6. 借：利润分配　　　　　　　　　　　　　　　　　　77 750
　　　贷：盈余公积——提取任意盈余公积　　　　　　　77 750

7. 借：利润分配——应付现金股利　　　　　　　　　　466 500
　　　贷：应付股利　　　　　　　　　　　　　　　　466 500

8. 借：利润分配——未分配利润　　　　　　　　　　　699 750
　　　贷：盈余公积——提取法定盈余公积　　　　　　155 500
　　　　　盈余公积——提取任意盈余公积　　　　　　77 750
　　　　　利润分配——应付现金股利　　　　　　　　466 500

项目十一　财产清查结果处理

Ⅰ 基础题

一、

1. (1) 借：库存现金　　　　　　　　　　　　　　　　800
　　　贷：待处理财产损溢——待处理流动资产损溢　　　800

　 (2) 借：待处理财产损溢——待处理流动资产损溢　　800
　　　贷：其他应付款——A单位　　　　　　　　　　　500
　　　　　营业外收入　　　　　　　　　　　　　　　300

2. (1) 借：待处理财产损溢——待处理流动资产损溢　　600
　　　贷：库存现金　　　　　　　　　　　　　　　　600

(2) 借：其他应收款——李丽　　　　　　　　　　　　　　400
　　　　　　管理费用　　　　　　　　　　　　　　　　　　200
　　　　　　　贷：待处理财产损溢——待处理流动资产损溢　　　　　　600
3. (1) 借：原材料——甲材料　　　　　　　　　　　　　　2 000
　　　　　　　贷：待处理财产损溢——待处理流动资产损溢　　　　　2 000
　　(2) 借：待处理财产损溢——待处理流动资产损溢　　　　2 000
　　　　　　　贷：管理费用　　　　　　　　　　　　　　　　　　2 000
4. (1) 借：待处理财产损溢——待处理流动资产损溢　　　　2 000
　　　　　　　贷：原材料——乙材料　　　　　　　　　　　　　　2 000
　　(2) 借：其他应收款——保管人员　　　　　　　　　　1 500
　　　　　　营业外支出　　　　　　　　　　　　　　　　　500
　　　　　　　贷：待处理财产损溢——待处理流动资产损溢　　　　2 000
5. 借：固定资产　　　　　　　　　　　　　　　　　　　12 000
　　　　贷：以前年度损益调整　　　　　　　　　　　　　　　　12 000
6. (1) 借：待处理财产损溢——待处理固定资产损溢　　　20 000
　　　　　累计折旧　　　　　　　　　　　　　　　　　30 000
　　　　　　　贷：固定资产　　　　　　　　　　　　　　　　　50 000
　　(2) 借：营业外支出　　　　　　　　　　　　　　　20 000
　　　　　　　贷：待处理财产损溢——待处理固定资产损溢　　　20 000

二、
1. 借：其他应收款　　　　　　　　　　　　　　　　　　300
　　　　管理费用　　　　　　　　　　　　　　　　　　　200
　　　　　贷：待处理财产损溢——待处理流动资产损溢　　　　　　500
2. 借：待处理财产损溢——待处理固定资产损溢　　　　50 000
　　　　累计折旧　　　　　　　　　　　　　　　　　10 000
　　　　　贷：固定资产　　　　　　　　　　　　　　　　　60 000
3. 借：营业外支出　　　　　　　　　　　　　　　　　50 000
　　　　　贷：待处理财产损溢——待处理固定资产损溢　　　　50 000
4. 借：待处理财产损溢——待处理流动资产损溢　　　　8 000
　　　　　贷：原材料　　　　　　　　　　　　　　　　　　8 000
5. 借：其他应收款　　　　　　　　　　　　　　　　　8 000
　　　　　贷：待处理财产损溢——待处理流动资产损溢　　　　8 000
6. 借：原材料　　　　　　　　　　　　　　　　　　　200
　　　　　贷：待处理财产损溢——待处理流动资产损溢　　　　　200

Ⅱ 巩固题

一、
1. 借：待处理财产损溢　　20 000　　　　2. 借：其他应收款　　　5 000
　　　贷：其他应付款　　　　12 000　　　　　　　营业外支出　　25 000
　　　　　营业外收入　　　　　8 000　　　　　　　贷：待处理财产损溢　　30 000

3. 借：其他应收款　　　　　　　52　　　　4. 借：待处理财产损溢　　　　　2 000
　　贷：待处理财产损溢　　　　52　　　　　　贷：管理费用　　　　　　　2 000
5. 借：管理费用　　　　　　　2 000
　　　其他应收款　　　　　　5 000
　　　营业外支出　　　　　　3 000
　　　贷：待处理财产损溢　　　10 000

二、

1. 借：待处理财产损溢　　　　150　　　　　借：其他应收款　　　　　　　100
　　贷：库存现金　　　　　　150　　　　　　　管理费用　　　　　　　　　50
　　　　　　　　　　　　　　　　　　　　　　贷：待处理财产损溢　　　　　150
2. 借：待处理财产损溢　　　　800
　　贷：原材料　　　　　　　800
　　借：管理费用　　　　　　200
　　　　其他应收款　　　　　600
　　　　贷：待处理财产损溢　　800
3. 借：待处理财产损溢　　　　9 600
　　贷：原材料　　　　　　　9 600
　　借：营业外支出　　　　　5 424
　　　　其他应收款　　　　　5 424
　　　　贷：待处理财产损溢　　10 848
4. 借：固定资产　　　　　　　35 000
　　贷：以前年度损益调整　　35 000
　　借：以前年度损益调整　　　35 000
　　贷：应交税费——应交所得税　　8 750
　　　　盈余公积　　　　　　　2 625
　　　　利润分配——未分配利润　23 625
5. 借：待处理财产损溢　　　　20 000　　　借：营业外支出　　　　　　　20 000
　　　累计折旧　　　　　　　80 000　　　　贷：待处理财产损溢　　　　　20 000
　　贷：固定资产　　　　　　100 000

三、

1. 借：待处理财产损溢　　　　5 000　　　借：营业外支出　　　　　　　5 000
　　　累计折旧　　　　　　　3 000　　　　贷：待处理财产损溢　　　　　5 000
　　贷：固定资产　　　　　　8 000
2. 借：固定资产　　　　　　　80 000
　　贷：以前年度损益调整　　80 000
　　借：以前年度损益调整　　　80 000
　　贷：应交税费——应交所得税　　20 000
　　　　盈余公积　　　　　　　6 000
　　　　利润分配——未分配利润　54 000

3. 借：待处理财产损溢　　　　　　　　　　　226
　　贷：原材料　　　　　　　　　　　　　　　　200
　　　　应交税费——应交增值税（进项税额转出）　26
　借：管理费用　　　　　　　　　　　　　226
　　贷：待处理财产损溢　　　　　　　　　　　　226
4. 借：原材料　　　　150　　　　借：待处理财产损溢　　150
　　贷：待处理财产损溢　　150　　　　贷：管理费用　　　　　150
5. 借：待处理财产损溢　　85　　　借：其他应收款　　　　85
　　贷：库存现金　　　　　85　　　　贷：待处理财产损溢　　　85

Ⅲ 提升题

（一）

1. 借：原材料——乙材料　1 040　　借：待处理财产损溢　　1 870
　　贷：待处理财产损溢　　1 040　　　贷：原材料——甲材料　　120
　　　　　　　　　　　　　　　　　　　　　原材料——丙材料　1 000
　　　　　　　　　　　　　　　　　　　　　原材料——丁材料　　750

2. （1）借：管理费用　　　　　　　　　　　120
　　　　贷：待处理财产损溢　　　　　　　　　　120
　（2）借：待处理财产损溢　　　　　　　　1 040
　　　　贷：管理费用　　　　　　　　　　　　1 040
　（3）借：其他应收款　　　　　　　　　　1 000
　　　　贷：待处理财产损溢　　　　　　　　　1 000
　（4）借：其他应收款——保管员　　　　　750
　　　　贷：待处理财产损溢　　　　　　　　　　750

（二）

1. 借：原材料——A 材料　1 000　　借：待处理财产损溢　1 000
　　贷：待处理财产损溢　　1 000　　　贷：管理费用　　　　1 000
2. 借：待处理财产损溢　　　　　　　　　　5 650
　　贷：原材料——B 材料　　　　　　　　　　5 000
　　　　应交税费——应交增值税（进项税额转出）　650
　借：其他应收款——张平　　　　　　　　5 650
　　贷：待处理财产损溢　　　　　　　　　　　5 650
3. 借：待处理财产损溢　　1 500　　借：营业外支出　　1 500
　　　累计折旧　　　　　3 500　　　贷：待处理财产损溢　1 500
　　贷：固定资产　　　　5 000
4. 借：待处理财产损溢　　　　　　　　　　8 000
　　贷：库存商品　　　　　　　　　　　　　　8 000
　借：营业外支出　　　　　　　　　　　　8 000
　　贷：待处理财产损溢　　　　　　　　　　　8 000

(三)

1. (1) 借：原材料——甲材料　　　　　　　　　　　400
　　　　贷：待处理财产损溢——待处理流动资产损溢　　400
　(2) 借：待处理财产损溢——待处理流动资产损溢　　700
　　　　贷：库存商品——A商品　　　　　　　　　　700
　(3) 借：待处理财产损溢——待处理固定资产损溢　1 000
　　　　累计折旧　　　　　　　　　　　　　　　　3 000
　　　　贷：固定资产　　　　　　　　　　　　　　4 000
　(4) 借：待处理财产损溢——待处理流动资产损溢　　200
　　　　贷：库存现金　　　　　　　　　　　　　　　200
　(5) 借：待处理财产损溢——待处理流动资产损溢　　200
　　　　贷：原材料——乙材料　　　　　　　　　　　200

2. (1) 借：待处理财产损溢——待处理流动资产损溢　　400
　　　　贷：管理费用　　　　　　　　　　　　　　　400
　(2) 借：管理费用　　　　　　　　　　　　　　　　700
　　　　贷：待处理财产损溢——待处理流动资产损溢　700
　(3) 借：其他应收款——应收保险赔款　　　　　　　800
　　　　营业外支出　　　　　　　　　　　　　　　　200
　　　　贷：待处理财产损溢——待处理固定资产损溢1 000
　(4) 借：其他应收款——葛望　　　　　　　　　　　200
　　　　贷：待处理财产损溢——待处理流动资产损溢　200
　(5) 借：管理费用　　　　　　　　　　　　　　　　50
　　　　其他应收款——王力　　　　　　　　　　　　150
　　　　贷：待处理财产损溢——待处理流动资产损溢　200

(四)

1. (1) 借：原材料　　　　　　　　　　　　　　240 000
　　　　贷：待处理财产损溢　　　　　　　　　240 000
　(2) 借：待处理财产损溢　　　　　　　　　　240 000
　　　　贷：管理费用　　　　　　　　　　　　240 000

2. (1) 借：待处理财产损溢　　　　　　　　　　　　440
　　　　贷：原材料　　　　　　　　　　　　　　　　440
　(2) 借：其他应收款——张某　　　　　　　　　　　150
　　　　　　　　　　——保险公司　　　　　　　　　100
　　　　管理费用　　　　　　　　　　　　　　　　190
　　　　贷：待处理财产损溢　　　　　　　　　　　　440

3. (1) 借：待处理财产损溢　　　　　　　　　　　　600
　　　　贷：原材料　　　　　　　　　　　　　　　　600
　(2) 借：其他应收款——王某　　　　　　　　　　　160
　　　　　　　　　　——保险公司　　　　　　　　　350

营业外支出　　　　　　　　　　　　　　　90
　　　贷：待处理财产损溢　　　　　　　　　　　　600

综合练习（一）

1. 借：银行存款　　　600 000
　　贷：短期借款　　　　600 000

2. 借：固定资产　　　800 000
　　贷：实收资本/股本　　800 000

3. 借：银行存款　　　70 000
　　贷：应收账款　　　　70 000

4. 借：销售费用　　　3 700
　　贷：银行存款　　　　3 700

5. 借：库存现金　　　10 000
　　贷：银行存款　　　　10 000

6. 借：生产成本　　　8 000
　　　制造费用　　　1 000
　　　管理费用　　　1 000
　　贷：应付职工薪酬　　10 000

7. 借：财务费用　　　375
　　贷：应付利息　　　　375

8. 借：管理费用　　　300
　　贷：银行存款　　　　300

9. 借：生产成本　　　24 120
　　　制造费用　　　4 000
　　　管理费用　　　2 000
　　贷：原材料　　　　　30 120

10. 借：银行存款　　　50 000
　　贷：合同负债　　　　50 000

11. 借：制造费用　　　10 000
　　　管理费用　　　7 500
　　贷：累计折旧　　　　17 500

12. 借：应收账款　　　339 000
　　贷：主营业务收入　　300 000
　　　　应交税费——应交增值税（销项税额）　39 000

13. 借：其他应收款　　1 000
　　贷：库存现金　　　　1 000

14. 借：银行存款　　　700 000
　　贷：短期借款　　　　100 000
　　　　长期借款　　　　600 000

15. 借：盈余分配　　　30 000
　　贷：实收资本　　　　30 000

16. 借：主营业务成本　312 500
　　贷：库存商品　　　　312 500

17. 借：税金及附加　　2 500
　　贷：应交税费——应交城建税　2 500

18. 借：主营业务收入　385 000
　　　营业外收入　　　300
　　贷：本年利润　　　　385 300

19. 借：本年利润　　　342 800
　　贷：主营业务成本　　312 500
　　　　销售费用　　　　8 000
　　　　管理费用　　　　10 300
　　　　财务费用　　　　2 000
　　　　营业外支出　　　10 000

20. 借：所得税费用　　14 025
　　贷：应交税费——应交所得税　14 025

综合练习（二）

1. 借：在途物资——青铜　　　　　　　　　　　　　　　200
　　　　　　　——铝锭　　　　　　　　　　　　　　　50
　　　应交税费—应交增值税（进项税额）　　　　　　　32.5
　　贷：应付账款　　　　　　　　　　　　　　　　　　282.50

2. 借：在途物资——青铜　80
　　　　　　　——铝锭　20
　　贷：银行存款　　　　　100

3. 借：原材料——青铜　280
　　　　　——铝锭　70
　　贷：在途物资——青铜　280
　　　　　　　——铝锭　70

4. 借：其他应收款——张某　　　　　　　　　　　　　　4 000
　　贷：银行存款　　　　　　　　　　　　　　　　　　4 000

5. 借：银行存款　　　　　　　　　　　　　　　　　　60 000
　　　固定资产——设备　　　　　　　　　　　　　　90 000
　　贷：实收资本　　　　　　　　　　　　　　　　　150 000

6. 借：生产成本　　　　　　　　　　　　　　　　　　1 600
　　　制造费用　　　　　　　　　　　　　　　　　　　200
　　　管理费用　　　　　　　　　　　　　　　　　　　100
　　贷：原材料　　　　　　　　　　　　　　　　　　　1 900

7. 借：生产成本　　　　　　　　　　　　　　　　　　2 000
　　　制造费用　　　　　　　　　　　　　　　　　　1 000
　　　管理费用　　　　　　　　　　　　　　　　　　1 500
　　贷：应付职工薪酬　　　　　　　　　　　　　　　　4 500

8. 借：制造费用　1 000
　　贷：银行存款　　1 000

9. 借：财务费用　　300
　　贷：应付利息　　300

10. 借：制造费用　2 000
　　　贷：银行存款　2 000

11. 借：制造费用　1 300
　　　管理费用　　700
　　　贷：累计折旧　2 000

12. 借：应付账款　9 000
　　　贷：银行存款　9 000

13. 借：应收票据　　　　　　　　　　　　　　　　　22 600
　　　贷：主营业务收入　　　　　　　　　　　　　　20 000
　　　　应交税费——应交增值税（销项税额）　　　　2 600

14. 借：制造费用　2 100
　　　贷：银行存款　2 100

15. 借：主营业务成本　6 000
　　　贷：库存商品　　6 000

16. 借：税金及附加　　　　　　　　　　　　　　　　1 000
　　　贷：应交税费——应交消费税　　　　　　　　　1 000

17. 借：库存商品　8 000
　　　贷：生产成本　8 000

18. 借：银行存款　5 000
　　　贷：短期借款　5 000

19. 借：库存现金 4 500
　　　贷：银行存款 4 500
　　借：应付职工薪酬 4 500
　　　贷：库存现金 4 500
20. 借：所得税费用 800
　　　贷：应交税费——应交所得税 800

综合练习（三）

1. 借：管理费用　　　　600
　　　库存现金　　　　400
　　贷：其他应收款　　　　1 000

2. 借：固定资产　　　　80 000
　　贷：实收资本　　　　50 000
　　　资本公积　　　　30 000

3. 借：财务费用 1 300
　　贷：银行存款 1 300

4. 借：银行存款 166 675
　　贷：主营业务收入 147 500（200×400+150×450）
　　　应交税费——应交增值税（销项税额） 19 175

5. 借：应付职工薪酬　　22 600
　　贷：银行存款　　　　22 600

6. 借：销售费用 400
　　贷：库存现金 400

7. 借：交易性金融资产——成本 20 000
　　　投资收益 100
　　贷：其他货币资金——存出投资款 20 100

8. 借：库存现金 350
　　贷：营业外收入 350

9. 借：主营业务成本 880 000
　　贷：库存商品 880 000（400×135+200×170）

10. 借：银行存款　　20 000
　　贷：合同负债　　　　20 000

11. 借：无形资产 20 000
　　贷：实收资本 20 000

12. 借：合同负债 45 200
　　贷：主营业务收入 40 000
　　　应交税费——应交增值税（销项税额） 5 200

13. 借：银行存款　　25 200
　　贷：合同负债　　　　25 200

14. 借：营业外支出 100 000
　　贷：银行存款 100 000

15. 借：生产成本——甲产品 13 500
　　　　　　——乙产品 6 500
　　　制造费用 4 100
　　　管理费用 5 000
　　贷：应付职工薪酬 29 100

16. 借：在途物资 21 000
　　　应交税费——应交增值税（进项税额） 2 600

   贷：应付账款   22 600
     库存现金   1 000
17. 借：制造费用   4 200
     管理费用   2 200
   贷：累计折旧   6 400
   借：本年利润 112 350
18. 借：主营业务收入 250 000
     营业外收入   350   贷：主营业务成本 88 000
   贷：本年利润 250 350   税金及附加 1 450
                        销售费用 4 900
                        管理费用 15 700
                        财务费用 1 300
                        营业外支出 1 000
19. 借：本年利润   1 000 000
   贷：利润分配——未分配利润   1 000 000
20. 借：利润分配——应付现金股利   350 000
   贷：应付股利   350 000

综合练习（四）

（一）

1. 借：固定资产   30
   应交税费——应交增值税（进项税）   3.9
   贷：银行存款   33.9
2. 借：原材料   15
   贷：应付账款   15
3. 借：无形资产 20   4. 借：应付账款 15
   贷：实收资本 20   贷：银行存款 15
5. 借：银行存款 20
   贷：长期借款 20   9月末资产总额540万元。

（二）

1. 借：固定资产   500
     无形资产   100
     银行存款   300
   贷：实收资本——A公司   300
         ——B公司   300
         ——C公司   300
2. 借：银行存款   400
   贷：实收资本——D公司   300
     资本公积——资本溢价   100
实收资本的金额为1 200万元。

(三)

1. 借：原材料——甲材料　　　　　　　　　　　　　　　　　　5 000
　　　应交税费——应交增值税（进项税额）　　　　　　　　　　650
　　贷：银行存款　　　　　　　　　　　　　　　　　　　　　　　5 650
2. 借：原材料——乙材料　　　　　　　　　　　　　　　　　　8 000
　　　应交税费——应交增值税（进项税额）　　　　　　　　　1 040
　　贷：应付账款　　　　　　　　　　　　　　　　　　　　　　　9 040
3. 借：生产成本　　　　　　　　　　　　　　　　　　　　　　2 000
　　贷：原材料——甲材料　　　　　　　　　　　　　　　　　　　2 000
4. 借：应收账款　　　　　　　　　　　　　　　　　　　　　　22 600
　　贷：主营业务收入　　　　　　　　　　　　　　　　　　　　20 000
　　　　应交税费——应交增值税（销项税额）　　　　　　　　　2 600
5. 借：银行存款　　　　　　　　　　　　　　　　　　　　　　22 600
　　贷：应收账款　　　　　　　　　　　　　　　　　　　　　　22 600

(四)

1. 借：生产成本　　　80 000　　　　　2. 借：生产成本　　　8 000
　　　制造费用　　　　4 000　　　　　　　贷：制造费用　　　8 000
　　贷：原材料　　　　　84 000
3. 借：库存商品　　　50 000　　　　　4. 借：主营业务成本　30 000
　　贷：生产成本　　　　50 000　　　　　贷：库存商品　　　　30 000
5. 借：本年利润　　　30 000
　　贷：主营业务成本　　30 000

(五)

1. 借：应收账款——乙企业　　　　　　　　　　　　　　　　　4 520 000
　　贷：主营业务收入　　　　　　　　　　　　　　　　　　　　4 000 000
　　　　应交税费—应交增值税（销项税额）　　　　　　　　　　520 000
　　借：主营业务成本　　　　　　　　　　　　　　　　　　　2 000 000
　　贷：库存商品　　　　　　　　　　　　　　　　　　　　　2 000 000
2. 借：合同负债——丙企业　　　　　　　　　　　　　　　　　　600 000
　　　银行存款　　　　　　　　　　　　　　　　　　　　　　　191 000
　　贷：其他业务收入　　　　　　　　　　　　　　　　　　　　700 000
　　　　应交税费——应交增值税（销项税额）　　　　　　　　　91 000
　　借：其他业务成本　　　　　　　　　　　　　　　　　　　　500 000
　　贷：原材料　　　　　　　　　　　　　　　　　　　　　　　500 000
3. 借：生产成本　　　15 000　　　　　4. 借：银行存款　　　300 000
　　　制造费用　　　　6 000　　　　　　　贷：预收账款　　　300 000
　　贷：应付职工薪酬　　21 000
5. 借：库存商品　　　　　　　　　　　　　　　　　　　　　　18 000
　　贷：生产成本　　　　　　　　　　　　　　　　　　　　　　18 000

(六)
1. 应交所得税金额=300 000(元)。
2. 借：主营业务收入　　　　　　　　　　　　　　　　6 000 000
　　　其他业务收入　　　　　　　　　　　　　　　　　700 000
　　　公允价值变动损益　　　　　　　　　　　　　　　150 000
　　　投资收益　　　　　　　　　　　　　　　　　　　600 000
　　　营业外收入　　　　　　　　　　　　　　　　　　 50 000
　　贷：本年利润　　　　　　　　　　　　　　　　　　7 500 000
3. 借：本年利润　　　　　　　　　　　　　　　　　　6 600 000
　　贷：主营业务成本　　　　　　　　　　　　　　　　4 000 000
　　　　其他业务成本　　　　　　　　　　　　　　　　 400 000
　　　　税金及附加　　　　　　　　　　　　　　　　　 80 000
　　　　销售费用　　　　　　　　　　　　　　　　　　 500 000
　　　　管理费用　　　　　　　　　　　　　　　　　　 770 000
　　　　财务费用　　　　　　　　　　　　　　　　　　 200 000
　　　　信用减值损失　　　　　　　　　　　　　　　　 100 000
　　　　营业外支出　　　　　　　　　　　　　　　　　 250 000
　　　　所得税费用　　　　　　　　　　　　　　　　　 300 000
4. 借：本年利润　　　　　　　　　　　　　　　　　　　900 000
　　贷：利润分配——未分配利润　　　　　　　　　　　　900 000

综合练习(五)

1. 借：银行存款　　　　　　　　　　　　　　　　　　120 000
　　贷：短期借款　　　　　　　　　　　　　　　　　　120 000
2. 借：在途物资　　　　　　　　　　　　　　　　　　 80 000
　　　应交税费——应交增值税(进项税额)　　　　　　　 10 400
　　贷：应付账款　　　　　　　　　　　　　　　　　　 90 400
3. 借：在途物资　　　12 500　　　4. 借：原材料——甲材料　92 500
　　贷：银行存款　　　　12 500　　　　贷：在途物资　　　　92 500
5. 借：应付账款　　　50 000　　　6. 借：其他应收款　　　4 000
　　贷：银行存款　　　　50 000　　　　贷：银行存款　　　　4 000
7. 借：银行存款　　　　　　　　　　　　　　　　　　339 000
　　贷：主营业务收入　　　　　　　　　　　　　　　　300 000
　　　　应交税费——应交增值税(销项税额)　　　　　　 39 000
8. 借：库存现金　　　50 000　　　借：应付职工薪酬　　50 000
　　贷：银行存款　　　　50 000　　　贷：库存现金　　　　50 000
　　借：生产成本　　　　　　　　　　　　　　　　　　 35 000
　　　　制造费用　　　　　　　　　　　　　　　　　　　9 500
　　　　管理费用　　　　　　　　　　　　　　　　　　　5 500

　　　　贷：应付职工薪酬　　　　　　　　　　　　　　　　　　　　　　50 000
9. 借：管理费用　　　1 000　　　　　10. 借：制造费用　　　12 000
　　　贷：银行存款　　　1 000　　　　　　　贷：银行存款　　　12 000
11. 借：应收账款　　　　　　　　　　　　　　　　　　　　　　　452 000
　　　贷：主营业务收入　　　　　　　　　　　　　　　　　　　　400 000
　　　　　应交税费——应交增值税（销项税额）　　　　　　　　　52 000
12. 借：销售费用　　　500　　　　　13. 借：生产成本　　　260 000
　　　贷：库存现金　　　500　　　　　　　　制造费用　　　　25 000
　　　　　　　　　　　　　　　　　　　　　　管理费用　　　　15 000
　　　　　　　　　　　　　　　　　　　　贷：原材料　　　　　300 000
14. 借：管理费用　　　300　　　　　15. 借：财务费用　　　3 000
　　　贷：库存现金　　　300　　　　　　　贷：应付利息　　　3 000
16. 借：应付账款　　　20 000　　　　17. 借：制造费用　　　8 000
　　　贷：银行存款　　　20 000　　　　　　　管理费用　　　　2 000
　　　　　　　　　　　　　　　　　　　　贷：累计折旧　　　　10 000
18. 借：管理费用　　　　　　　　　　　　　　　　　　　　　　3 750
　　　　库存现金　　　　　　　　　　　　　　　　　　　　　　250
　　　贷：其他应收款　　　　　　　　　　　　　　　　　　　　4 000
19. 制造费用 = 9 500 + 25 000 + 8 000 = 42 500（元）
　　　借：生产成本　　　　　　　　　　　　　　　　　　　　　42 500
　　　　贷：制造费用　　　　　　　　　　　　　　　　　　　　42 500
20. 借：库存商品　　　580 000　　　　21. 借：主营业务成本　525 000
　　　贷：生产成本　　　580 000　　　　　　贷：库存商品　　　525 000
22. 借：税金及附加　　　　　　　　　　　　　　　　　　　　　500
　　　贷：应交税费　　　　　　　　　　　　　　　　　　　　　500
23. 管理费用 = 5 500 + 1 000 + 12 000 + 15 000 + 300 + 2 000 + 3 750 = 39 550（元）
　　利润总额 = 300 000 + 400 000 − (39 550 + 500 + 3 000 + 525 000 + 500) = 131 450（元）
　　所得税费用 = 131 450 × 25% = 32 862.50（元）
　　　借：所得税费用　　　　　　　　　　　　　　　　　　　　32 862.50
　　　　贷：应交税费——应交所得税　　　　　　　　　　　　　32 862.50
　　　借：本年利润　　　　　　　　　　　　　　　　　　　　　32 862.50
　　　　贷：所得税费用　　　　　　　　　　　　　　　　　　　32 862.50
　　　借：本年利润　　　　100 000（1 412.50 + 98 587.50 = 100 000）
　　　　贷：利润分配——未分配利润　　　　　　　　　　　　　100 000

综合练习（六）

一、
1. 借：在途物资　　　　　　　　　　　　　　　　　　　　　　18 700
　　　　应交税费——应交增值税（进项税额）　　　　　　　　　2 340

贷：银行存款　　　　　　　　　　　　　　　　　　　　　21 040
2. 借：管理费用　　　　　　600　　　　3. 借：原材料　　　　　　　18 700
　　　贷：银行存款　　　　　　　　600　　　　贷：在途物资　　　　　　　　　18 700
4. 借：生产成本——A产品　　　　　　　　　　　　　　　　　　6 000
　　　　　　　　——B产品　　　　　　　　　　　　　　　　　　8 000
　　　　管理费用　　　　　　　　　　　　　　　　　　　　　　2 000
　　　贷：原材料——甲材料　　　　　　　　　　　　　　　　　　6 000
　　　　　　　　——乙材料　　　　　　　　　　　　　　　　　10 000
5. 借：制造费用　　　　　　　　　　　　　　　　　　　　　　　300
　　　　管理费用　　　　　　　　　　　　　　　　　　　　　　　500
　　　贷：库存现金　　　　　　　　　　　　　　　　　　　　　　800
6. 借：其他应收款——刘芳　　　　　　　　　　　　　　　　　3 000
　　　贷：库存现金　　　　　　　　　　　　　　　　　　　　　3 000
7. 借：固定资产　　　　　　32 000　　　8. 借：银行存款　　　　　　　300
　　　贷：实收资本　　　　　　　32 000　　　贷：营业外收入　　　　　　　　300
9. 借：管理费用　　　　　　　　　　　　　　　　　　　　　　1 500
　　　　库存现金　　　　　　　　　　　　　　　　　　　　　　1 500
　　　贷：其他应收款——刘芳　　　　　　　　　　　　　　　　3 000
10. 借：银行存款　　　　　　　　　　　　　　　　　　　　　50 000
　　　贷：短期借款　　　　　　　　　　　　　　　　　　　　50 000
11. 借：生产成本——A产品　　　　　　　　　　　　　　　　40 000
　　　　　　　　 ——B产品　　　　　　　　　　　　　　　　30 000
　　　　制造费用　　　　　　　　　　　　　　　　　　　　　10 000
　　　　管理费用　　　　　　　　　　　　　　　　　　　　　20 000
　　　贷：应付职工薪酬　　　　　　　　　　　　　　　　　　100 000
12. 借：制造费用　　　　　　3 300　　　13. 借：应付职工薪酬　　　3 120
　　　　管理费用　　　　　　1 200　　　　　 贷：库存现金　　　　　　　3 120
　　　贷：累计折旧　　　　　　　4 500
14. 借：库存现金　　　　　　　800　　　15. 借：财务费用　　　　　　3 000
　　　贷：银行存款　　　　　　　　800　　　　贷：应付利息　　　　　　　3 000
16. 借：银行存款　　　　　　2 800　　　17. 借：应付账款　　　　　30 000
　　　贷：应收账款　　　　　　　2 800　　　　贷：营业外收入　　　　　30 000
18. 借：库存现金　　　　　100 000　　　19. 借：制造费用　　　　　　2 000
　　　贷：银行存款　　　　　　100 000　　　　　 管理费用　　　　　　　400
　　　　　　　　　　　　　　　　　　　　　　贷：银行存款　　　　　　　2 400
20. 借：应付职工薪酬　　　100 000　　　21. 借：其他货币资金　　　30 000
　　　贷：库存现金　　　　　　100 000　　　　贷：银行存款　　　　　　30 000
22. 借：交易性金融资产　　10 000　　　23. 借：预付账款　　　　　20 000
　　　贷：其他货币资金　　　　10 000　　　　贷：银行存款　　　　　　20 000

24. 借：管理费用　　　　　　　500
　　　贷：库存现金　　　　　　　500
25. 借：银行存款　　　　　　　100 000
　　　贷：合同负债　　　　　　　100 000
26. 借：信用减值损失　　　　　1 200
　　　贷：坏账准备　　　　　　　1 200
27. 借：预付账款　　　　　　　12 000
　　　贷：银行存款　　　　　　　12 000
28. 借：生产成本——A产品　　　　　　　　　　　　　9 000
　　　　　　　——B产品　　　　　　　　　　　　　6 000
　　　贷：制造费用　　　　　　　　　　　　　　　　15 000
29. 借：库存商品——甲产品　　　　　　　　　　　　30 000
　　　贷：生产成本——甲产品　　　　　　　　　　　30 000
30. 借：银行存款　　　　　　　　　　　　　　　　　22 600
　　　贷：其他业务收入　　　　　　　　　　　　　　20 000
　　　　　应交税费——应交增值税(销项税额)　　　 2 600
31. 借：销售费用　　　　　　　1 000
　　　贷：银行存款　　　　　　　1 000
32. 借：其他业务成本　　　　　18 000
　　　贷：原材料　　　　　　　　18 000
33. 借：短期借款　　　　　　　20 000
　　　贷：银行存款　　　　　　　20 000
34. 借：银行存款　　　　　　　　　　　　　　　　　113 000
　　　贷：主营业务收入　　　　　　　　　　　　　　100 000
　　　　　应交税费——应交增值税(销项税额)　　　 13 000
35. 借：固定资产　　　　　　　　　　　　　　　　　86 500
　　　　应交税费——应交增值税(进项税额)　　　　11 245
　　　贷：银行存款　　　　　　　　　　　　　　　　97 745
36. 借：主营业务成本　　　　　　　　　　　　　　　80 000
　　　贷：库存商品　　　　　　　　　　　　　　　　80 000
37. 借：税金及附加　　　　　　　　　　　　　　　　1 200
　　　贷：应交税费——应交城市维护建税　　　　　　1 200
38. 借：应交税费——应交所得税　　　　　　　　　　18 000
　　　贷：银行存款　　　　　　　　　　　　　　　　18 000
39. 借：本年利润　　　　　　　　　　　　　　　　　131 100
　　　贷：主营业务成本　　　　　　　　　　　　　　80 000
　　　　　其他业务成本　　　　　　　　　　　　　　18 000
　　　　　销售费用　　　　　　　　　　　　　　　　1 000
　　　　　管理费用　　　　　　　　　　　　　　　　26 700
　　　　　税金及附加　　　　　　　　　　　　　　　1 200
　　　　　财务费用　　　　　　　　　　　　　　　　3 000
　　　　　信用减值损失　　　　　　　　　　　　　　1 200
40. 借：主营业务收入　　　　　　　　　　　　　　　100 000
　　　其他业务收入　　　　　　　　　　　　　　　　20 000
　　　营业外收入　　　　　　　　　　　　　　　　　30 300

    贷：本年利润 150 300

二、

1. 借：在途物资——甲材料 18 000
     ——乙材料 4 800
   应交税费——应交增值税（进项税额） 2 964
  贷：应付账款 25 764

2. 借：在途物资——甲材料 2 000
     ——乙材料 1 200
  贷：银行存款 3 200

3. 借：固定资产 25 000
   应交税费——应交增值税（进项税额） 3 120
  贷：应付账款 28 120

4. 借：原材料——甲材料 20 000
    ——乙材料 6 000
  贷：在途物资——甲材料 20 000
     ——乙材料 6 000

5. 借：生产成本——A产品 18 000
    ——B产品 12 000
  贷：制造费用 30 000

三、

(1) 8.25

(2) 借：生产成本——A产品 19 800
    ——B产品 14 850
  贷：制造费用 34 650

(3) 生产成本

(4) 94 800+67 032+19 800＝181 632（元）

(5) 181 632/60＝3 027.20（元）

综合练习（七）

1. 借：原材料 35 900
   应交税费—应交增值税（进项税额） 4 550
  贷：预付账款 40 450
  借：预付账款 25 450
  贷：银行存款 25 450

2. 借：应收账款 21 340
  贷：主营业务收入 18 000
   应交税费——应交增值税（销项税额） 2 340
   银行存款 1 000

3. 借：在途物资 34 000

应交税费——应交增值税(进项税额)	4 260
贷：应付账款	33 900
银行存款	4 360
4. 借：银行存款	22 000
贷：交易性金融资产	20 000
投资收益	2 000
5. 借：生产成本——A 产品	20 000
生产成本——B 产品	50 000
制造费用	20 340
管理费用	11 000
贷：应付职工薪酬——工资	101 340
6. 借：生产成本——A 产品	2 800
生产成本——B 产品	7 000
制造费用	2 847.60
管理费用	1 540
贷：应付职工薪酬——福利费	14 187.60
7. 借：管理费用	2 000
贷：银行存款	2 000
8. 借：生产成本——A 产品	70 000
——B 产品	28 000
制造费用	7 000
贷：原材料	105 000
9. 借：应付账款　　40 000	
贷：银行存款　　　40 000	
10. 借：制造费用	12 000
管理费用	3 000
贷：累计折旧	15 000
11. 借：管理费用　　7 500	
库存现金　　　500	
贷：其他应收款　　8 000	
12. 借：应付账款	100 000
贷：营业外收入	100 000
13. 借：信用减值损失	2 000
贷：坏账准备	2 000
14. 借：固定资产清理　　20 000	
累计折旧　　　　30 000	
贷：固定资产　　　　50 000	
借：银行存款	13 500
贷：固定资产清理	13 500
15. 借：其他应收款	1 500
营业外支出	8 000
管理费用	5 500
贷：待处理财产损溢——待处理流动资产损溢	15 000
16. 借：预付账款　　9 000	
贷：银行存款　　　9 000	
借：管理费用	1 500
贷：预付账款	1 500

17. 借：固定资产　　　　　　10 000
　　　贷：以前年度损益调整　10 000

18. 借：应付账款　　　900
　　　贷：银行存款　　900

19. 制造费用＝20 340+2 847.60+7 000+12 000＝42 187.60（元）
　　借：生产成本——A产品　　　　　　　12 053.60
　　　　　　　　——B产品　　　　　　　30 134
　　　贷：制造费用　　　　　　　　　　　42 187.60

20. 借：库存商品——A产品　　　　　　　104 853.60
　　　　　　　　——B产品　　　　　　　113 134
　　　贷：生产成本——A产品　　　　　　104 853.60
　　　　　　　　　——B产品　　　　　　113 134

21. 借：主营业务成本　　　　　　　　　　15 000
　　　贷：库存商品——A产品　　　　　　15 000

22. 借：税金及附加　　　　　　　　　　　900
　　　贷：应交税费——应交消费税　　　　900

23. 借：主营业务收入　　　18 000
　　　　投资收益　　　　　2 000
　　　　营业外收入　　　　100 000
　　　贷：本年利润　　　　120 000

　　借：本年利润　　　　　55 940
　　　贷：主营业务成本　　15 000
　　　　　税金及附加　　　900
　　　　　管理费用　　　　32 040
　　　　　营业外支出　　　8 000

管理费用＝11 000+1 540+2 000+3 000+7 500+5 500+1 500＝32 040（元）

24. 利润总额＝120 000-55 940＝64 060（元）
　　所得税费用＝64 060×25%＝16 015（元）
　　借：所得税费用　　　　　　　　　　　16 015
　　　贷：应交税费——应交所得税　　　　16 015
　　借：本年利润　　　　　　　　　　　　16 015
　　　贷：所得税费用　　　　　　　　　　16 015

25. 借：本年利润　　　　　　　　　　　　48 045
　　　贷：利润分配——未分配利润　　　　48 045
　　借：利润分配——提取盈余公积　　　　4 804.50
　　　贷：盈余公积——法定盈余公积　　　4 804.50

综合练习（八）

1. 借：原材料——A材料　　　　　　　　　840 000
　　　应交税费——应交增值税（进项税额）　109 200
　　　贷：应付账款——立信公司　　　　　949 200

2. 借：原材料——B材料　　　　　　　　　400 000
　　　应交税费——应交增值税（进项税额）　52 000
　　　贷：银行存款　　　　　　　　　　　452 000

3. 借：生产成本——甲产品　　　　　　　　605 000

       贷：原材料——A 材料   605 000
    4. 借：生产成本——甲产品   201 000
       贷：原材料——B 材料   201 000
    5. 借：管理费用——办公费   350
       贷：库存现金   350
    6. 借：银行存款   113 000
       贷：主营业务收入——甲   100 000
           应交税费——应交增值税(销项税额)   13 000
    7. 借：制造费用——设计费   15 000
       贷：银行存款   15 000
    8. 借：周转材料   6 000   9. 借：制造费用   4 000
       贷：银行存款   6 000   贷：周转材料   4 000
    10. 借：销售费用——广告费   10 000
        贷：银行存款   10 000
    11. 借：应收账款——甲客户   565 000
        贷：主营业务收入——甲产品   500 000
            应交税费——应交增值税(销项税额)   65 000
    12. 借：库存现金   2 000
        贷：银行存款   2 000
    13. 借：银行存款   904 000
        贷：主营业务收入——甲产品   800 000
            应交税费——应交增值税(销项税额)   104 000
    14. 借：管理费用——业务招待费   850
        贷：库存现金   850
    15. 借：原材料——C 材料   600
        应交税费——应交增值税(进项税额)   78
        贷：库存现金   678
    16. 借：银行存款   100 000
        贷：应收账款——甲客户   100 000
    17. 借：应付账款——立信公司   550 000
                  ——洋明公司   50 000
        贷：银行存款   600 000
    18. 借：应交税费——应交增值税(已交税金)   80 000
        贷：银行存款   80 000
    19. 借：制造费用   300
        管理费用   150
        贷：原材料——C   450
    20. 借：销售费用   4 500
        贷：银行存款   4 500

21. 借：生产成本 114 000
     　　制造费用 22 800
     　　管理费用 22 800
     　　贷：应付职工薪酬——工资 159 600
22. 借：制造费用 16 800
     　　管理费用 2 400
     　　贷：累计折旧 19 200
23. 借：财务费用——手续费 180
     　　贷：银行存款 180
24. 借：生产成本　　26 000
     　　管理费用　　 2 000
     　　贷：银行存款　　28 000

25. 借：生产成本　58 900
     　　贷：制造费用　58 900

26. 借：库存商品——甲产品 1 004 900
     　　贷：生产成本 1 004 900
27. 借：主营业务成本——甲产品 925 000
     　　贷：库存商品——甲产品 925 000
28. 借：主营业务收入　1 400 000
     　　贷：本年利润　　1 400 000

     借：本年利润 968 230
     　　贷：主营业务成本 925 000
     　　　　管理费用 27 700
     　　　　销售费用 15 350
     　　　　财务费用 180

29. 应纳所得税 = 142 484.1×25% = 35 621（元）
     借：所得税费用 35 621
     　　贷：应交税费——应交所得税 35 621
     借：本年利润 35 621
     　　贷：所得税费用 35 621

综合练习（九）

（一）

1. 借：制造费用　　　500
     　　管理费用　　　300
     　　贷：库存现金　　　　800

2. 借：应付账款 18 000
     　　贷：银行存款 18 000

3. 借：其他应收款——刘某 8 000
     　　贷：库存现金 8 000
4. 借：原材料 20 000
     　　　应交税费——应交增值税（进项税额） 2 600
     　　贷：应付账款 22 600
5. 借：销售费用 240 000
     　　贷：应付职工薪酬——工资 200 000

——职工福利	40 000		

6. 借：固定资产　　　　　　　　　　　41 800
　　　应交税费——应交增值税（进项税额）　5 200
　　　贷：银行存款　　　　　　　　　　　　47 000

7. 借：财务费用　　　1 000　　　　8. 借：短期借款　　5 000
　　　贷：应付利息　　　1 000　　　　　　财务费用　　　300
　　　　　　　　　　　　　　　　　　　　贷：银行存款　　　5 300

9. 借：财务费用　　　　　　　　　15 000
　　　贷：长期借款——应计利息　　　　15 000

10. 借：本年利润　　　　　　　　　32 560
　　　贷：利润分配——未分配利润　　　32 560

（二）
借：应付账款　　　800 000　　　借：财务费用　　　100
　　贷：应付票据　　　800 000　　　　贷：银行存款　　　100
借：应付票据　　　　　　　　　800 000
　　贷：短期借款——逾期借款　　　　800 000

（三）
借：预付账款　　　90 000　　　借：管理费用　　　18 000
　　贷：银行存款　　　90 000　　　　贷：预付账款　　　18 000

（四）
借：生产成本　　　56 000　　　借：库存商品　　　53 600
　　贷：原材料　　　　40 000　　　　贷：生产成本　　　53 600
　　　　应付职工薪酬　　8 000
　　　　制造费用　　　　8 000

（五）
(1) 借：制造费用　　　600 000　　　借：制造费用　　　600 000
　　　贷：累计折旧　　　600 000　　　　贷：应付职工薪酬　　600 000
　　借：销售费用　　　800 000　　　借：财务费用　　　400 000
　　　贷：银行存款　　　800 000　　　　贷：应付利息　　　400 000
　　借：管理费用　　　200 000
　　　贷：应付职工薪酬　　200 000
(2) 公司当期的期间费用 = 80+40+20 = 140（万元）

（六）
借：应收账款　　　　　　　　　169 500
　　贷：主营业务收入　　　　　　　150 000
　　　　应交税费——应交增值税（销项税额）　19 500
借：银行存款　　　　　　　　　169 500
　　贷：应收账款　　　　　　　　　169 500

(七)

借：待处理财产损溢	40 000		借：其他应收款	30 000
累计折旧	10 000		营业外支出	10 000
贷：固定资产	50 000		贷：待处理财产损溢	40 000

(八)

借：固定资产清理	15 000		借：固定资产清理	2 000
累计折旧	470 000		贷：银行存款	2 000
固定资产减值准备	15 000			
贷：固定资产	500 000			
借：原材料	20 000		借：固定资产清理	3 000
贷：固定资产清理	20 000		贷：营业外收入	3 000

(九)

借：主营业务收入	100 000		借：本年利润	72 700
其他业务收入	2 500		贷：主营业务成本	46 000
营业外收入	5 000		其他业务成本	1 800
贷：本年利润	107 500		税金及附加	10 500
			管理费用	11 000
			财务费用	400
			销售费用	1 000
			营业外支出	2 000

营业利润 = (100 000 + 2 500) − (46 000 + 1 800) − 10 500 − 11 000 − 400 − 1 000 = 31 800(元)

(十)

借：原材料	11 500
贷：银行存款	11 500
借：应收账款	10 300
贷：主营业务收入	10 000
应交税费——应交增值税	300

综合练习(十)

(一)

借：银行存款	50 850
贷：主营业务收入	45 000
应交税费——应交增值税(销项税额)	5 850
借：主营业务成本	30 000
贷：库存商品	30 000

(二)

借：预付账款	12 000		借：管理费用	2 000
贷：银行存款	12 000		贷：预付账款	2 000
借：制造费用	30 000			

贷：银行存款　　　　　　　　　　　　　　　　　　　　　30 000

（三）

1. 借：原材料——甲材料　　　　　　　　　　　　　　　17 000
　　　　　　——乙材料　　　　　　　　　　　　　　　22 500
　　　　应交税费——应交增值税（进项税额）　　　　　　5 135
　　贷：应付账款　　　　　　　　　　　　　　　　　　　　44 635
2. 借：原材料——甲材料　　　　　　　　　　　　　　　34 000
　　　　应交税费——应交增值税（进项税额）　　　　　　4 420
　　贷：应付账款　　　　　　　　　　　　　　　　　　　　38 420
3. 借：生产成本　　　　　　　　　　　　　　　　　　　50 800
　　贷：原材料——甲材料　　　　　　　　　　　　　　　　23 800
　　　　原材料——乙材料　　　　　　　　　　　　　　　　27 000
4. 借：应付账款　　　　　　　　　　　　　　　　　　　60 000
　　贷：银行存款　　　　　　　　　　　　　　　　　　　　60 000
5. 借：原材料——乙材料　　　　　　　　　　　　　　　14 400
　　　　应交税费——应交增值税（进项税额）　　　　　　1 872
　　贷：银行存款　　　　　　　　　　　　　　　　　　　　16 272

（1）处应填写的金额为17 000。

（2）处应填写的数量为3 400。

（3）处应填写的金额为57 800。

（4）处应填写的数量为1 400。

（5）处应填写的金额为23 800。

（四）

1. 借：生产成本——甲产品　　　　　　　　　　　　　　16 000
　　　　　　　——乙产品　　　　　　　　　　　　　　　9 200
　　贷：制造费用　　　　　　　　　　　　　　　　　　　　25 200
2. 甲产品生产成本=42 000+14 000+16 000=72 000（元），单位成本=72 000/3 000
　　　　　　=24（元/件）
　　乙产品生产成本=13 000+4 500+9 200-2 700=24 000元，单位成本=24 000/2 000
　　　　　　=12（元/件）
　　借：库存商品——甲产品　　　　　　　　　　　　　　72 000
　　　　　　　　——乙产品　　　　　　　　　　　　　　24 000
　　贷：生产成本——甲产品　　　　　　　　　　　　　　　72 000
　　　　　　　　——乙产品　　　　　　　　　　　　　　　24 000
3. 借：银行存款　　　　　　　　　　　　　　　　　　　9 725
　　　　合同负债　　　　　　　　　　　　　　　　　　　140 000
　　贷：主营业务收入　　　　　　　　　　　　　　　　　　132 500
　　　　应交税费——应交增值税（销项税额）　　　　　　　17 225
4. 借：主营业务成本　　　　　　　　　　　　　　　　　66 000

贷：库存商品——甲产品		48 000
——乙产品		18 000

5. 借：主营业务收入　　　　　　　　　　　　　　　132 500
　　　贷：本年利润　　　　　　　　　　　　　　　　132 500
　　借：本年利润　　　　　　　　　　　　　　　　　 87 065
　　　贷：主营业务成本　　　　　　　　　　　　　　 68 025
　　　　　管理费用　　　　　　　　　　　　　　　　 16 000
　　　　　财务费用　　　　　　　　　　　　　　　　　　400
　　　　　销售费用　　　　　　　　　　　　　　　　　2 000
　　　　　税金及附加　　　　　　　　　　　　　　　　　650
　　所得税费用＝(132 500－87 065)×25%＝11 356.25(元)
　　借：所得税费用　　　　　　　　　　　　　　　　11 356.25
　　　贷：应交税费——应交所得税　　　　　　　　　11 356.25
　　借：本年利润　　　　　　　　　　　　　　　　　11 356.25
　　　贷：所得税费用　　　　　　　　　　　　　　　11 356.25

综合练习(十一)

(一)

1. 借：应收票据　　　　　　　　　　　　　　　　　113 000
　　　贷：主营业务收入　　　　　　　　　　　　　　100 000
　　　　　应交税费——应交增值税(销项税额)　　　　13 000
　　借：主营业务成本　　　　　　　　　　　　　　　 80 000
　　　贷：库存商品　　　　　　　　　　　　　　　　 80 000
2. 借：银行存款　　　　　　　　　　　　　　　　　 22 600
　　　贷：主营业务收入　　　　　　　　　　　　　　 20 000
　　　　　应交税费——应交增值税(销项税额)　　　　 2 600
　　借：主营业务成本　　　　　　　　　　　　　　　 18 000
　　　贷：库存商品　　　　　　　　　　　　　　　　 18 000
3. 借：应收账款　　　　　　　　　　　　　　　　　 11 300
　　　贷：其他业务收入　　　　　　　　　　　　　　 10 000
　　　　　应交税费——应交增值税(销项税额)　　　　 1 300
　　借：其他业务成本　　　　　　　　　　　　　　　　8 000
　　　贷：原材料　　　　　　　　　　　　　　　　　　8 000

4. 借：营业外支出　　　2 000　　　5. 借：信用减值损失　　　565
　　　贷：银行存款　　　　2 000　　　　　贷：坏账准备　　　　　565

(二)

1. 借：预付账款　　　40 000　　　2. 借：在建工程　　　60 000
　　　贷：银行存款　　　40 000　　　　　贷：银行存款　　　60 000
3. 借：应付职工薪酬　　7 000　　　4. 借：制造费用　　　5 400
　　　贷：库存现金　　　　7 000　　　　　贷：累计折旧　　　5 400

5. 借：应付职工薪酬　　　　　　　　　　　　　60 000
　　贷：库存现金　　　　　　　　　　　　　　　　　　60 000

(三)

(1) 借：管理费用　　　1 000
　　贷：累计折旧　　　　　1 000

(2) 借：主营业务成本　　　100 000
　　贷：库存商品　　　　　　　100 000
　　借：本年利润　　　　　131 000
　　贷：销售费用　　　　　　　10 000
　　　　管理费用　　　　　　　21 000
　　　　主营业务成本　　　　100 000

(3) 借：主营业务收入　　206 000
　　贷：本年利润　　　　　　206 000

(4) 利润总额＝206 000－131 000＝75 000(元)
　　所得税额＝75 000×25%＝18 750(元)
　　借：所得税费用　　　　　　　　　　　　　　18 750
　　　　贷：应交税费——应交所得税　　　　　　　　　　18 750

(5) 借：本年利润　　　　　　　　　　　　　　18 750
　　　　贷：所得税费用　　　　　　　　　　　　　　18 750

(6) 本年利润的余额＝40 000＋(75 000－18 750)＝96 250(元)
　　借：本年利润　　　　　　　　　　　　　　96 250
　　　　贷：利润分配——未分配利润　　　　　　　　　96 250

结账后余额试算表
12月31日　　　　　　　　　　　　　　　　　　　单位：元

账户名称	借方余额	贷方余额
库存现金	500	
银行存款	85 000	
应收账款	(45 500)	
库存商品	(70 000)	
固定资产	200 000	
累计折旧		6 000
短期借款		20 000
应付账款		50 000
应交税费		(18 750)
实收资本		200 000
盈余公积		2 000
利润分配		(401 000)
合　计		(401 000)

(四)

1. 借：库存现金　　　　　　　　　　　　　　　　　1 000
　　贷：银行存款　　　　　　　　　　　　　　　　　　　　1 000
2. 借：原材料　　　　　　　　　　　　　　　　　　5 000
　　　应交税费——应交增值税(进项税额)　　　　　　 650
　　贷：应付账款　　　　　　　　　　　　　　　　　　　　5 650
3. 借：应收账款　　　　　　　　　　　　　　　　　113 000
　　贷：主营业务收入　　　　　　　　　　　　　　　　　 100 000
　　　　应交税费——应交增值税(销项税额)　　　　　　　 13 000
4. 借：其他应收款　　　500　　　　　　5. 借：生产成本　　　3 000
　　贷：库存现金　　　　　　500　　　　　　　制造费用　　　 500
　　　　　　　　　　　　　　　　　　　　　贷：原材料　　　　 3 500
6. 借：应收账款　　　　　　　　　　　　　　　　　22 600
　　贷：主营业务收入　　　　　　　　　　　　　　　　　 20 000
　　　　应交税费——应交增值税(销项税额)　　　　　　　 2 600
7. 借：在途物资　　　　　　　　　　　　　　　　　8 000
　　　应交税费——应交增值税(进项税额)　　　　　　 1 040
　　贷：应付账款　　　　　　　　　　　　　　　　　　　　9 040
8. 借：银行存款　　　113 000　　　　　9. 借：应付账款　　　9 040
　　贷：应收账款　　　　　113 000　　　　　贷：银行存款　　　9 040
10. 借：固定资产　　　　　　　　　　　　　　　　　8 000
　　　 应交税费——应交增值税(进项税额)　　　　　　1 040
　　 贷：应付账款　　　　　　　　　　　　　　　　　　　 9 040

科目汇总表

1月1日至10日　　　　　　　　　　　　　　　　　　　单位：元

会计科目	借方发生额	贷方发生额
库存现金	1 000	500
银行存款	113 000	(10 040)
应收账款	(135 600)	113 000
原材料	5 000	3 500
在途物资	8 000	
生产成本	3 000	
其他应收款	500	
固定资产	8 000	
主营业务收入		(120 000)

续表

会计科目	借方发生额	贷方发生额
制造费用	500	
应交税费	(2 730)	15 600
应付账款	9 040	(23 730)
合　计	286 370	286 370